留学生のための
アカデミック・ジャパニーズ
聴解

中級

東京外国語大学
留学生日本語教育センター編著

スリーエーネットワーク

©2013 by Japanese Language Center for International Students, Tokyo University of Foreign Studies

All rights reserved. No part of this publication may be reproduced, stored in a retrieval system or transmitted in any form or by any means, electronic, mechanical, photocopying, recording, or otherwise, without the prior written permission of the Publisher.

Published by 3A Corporation.
Trusty Kojimachi Bldg., 2F, 4, Kojimachi 3-Chome, Chiyoda-ku, Tokyo 102-0083, Japan

ISBN 978-4-88319-641-8 C0081

First published 2013
Printed in Japan

はじめに

　本書は、大学で学ぶために必要な日本語、「アカデミック・ジャパニーズ」の習得を目指す教材です。東京外国語大学留学生日本語教育センター（以下「本センター」と略す）で開発した「アカデミック・ジャパニーズ」に対応した「JLC日本語スタンダーズ」「聞く」に準拠しています。中級、中上級、上級のシリーズになる予定で、大学での勉学に必要な日本語、特に講義や口頭発表を聞くための力を養成できるようになっています。本書では、単に講義や発表を聞くだけではなく、概要をつかみ、話の構成を考えるために、ノートをとったり、要約を書いたりする力の養成も目的としています。

　本書は本センターの聴解教材作成プロジェクト（坂本惠、中村彰、藤村知子、菅長理恵）により企画され、2005年から7年にわたる試用を経て作られたものです。本文、問題の作成は坂本惠、中村則子、田代ひとみ、大木理恵が担当しました。

　本書を使ってアカデミック・ジャパニーズの聞く力が習得されることを期待したいと思います。

東京外国語大学
留学生日本語教育センター

目次

はじめに
学習者の皆さんへ …………………………………………………… 5
教師用の手引き ……………………………………………………… 9

第 1 課　　富士山 …………………………………………… 14 ………… スライド 76
第 2 課　　信号の話 ………………………………………… 18
第 3 課　　隠れキリシタン ………………………………… 22
第 4 課　　水族館 …………………………………………… 26
第 5 課　　ゴリラの食事 …………………………………… 30
第 6 課　　東京の温泉 ……………………………………… 34 ………… スライド 77
第 7 課　　失敗学 …………………………………………… 38
第 8 課　　札幌のお祭り …………………………………… 44 ………… スライド 79
第 9 課　　津軽三味線 ……………………………………… 48 ………… スライド 82
第10課　　メールの書き方 ………………………………… 52
第11課　　アクセント ……………………………………… 56
第12課　　からくり人形 …………………………………… 60 ………… スライド 83
第13課　　四つ葉のクローバー …………………………… 64
第14課　　長寿の理由 ……………………………………… 68
第15課　　長崎の猫 ………………………………………… 72

巻末資料
スライド ……………………………………………………………… 76
学習者向け　聴解Can-do ………………………………………… 84
教師向け　聴解Can-do …………………………………………… 85

別冊
各課のスクリプト、解答例

学習者の皆さんへ

　この本は、大学で勉強している人や大学に入りたい人のための、大学で使う日本語を勉強するための本です。この本では主に大学での講義や研究発表を聞く力をつけるための練習をします。聞く力だけではなく、聞いたことをまとめる力、要約を書いたりする勉強もできます。この本で勉強してできるようになることは、84ページの「学習者向け　聴解Can-do」を見てください。

使い方

1 聞く前に
　話の内容に沿ったイラストと、質問があります。話の内容を予想し、聞く準備をします。

2 問題A
　話を2回聞いて全体がつかめているかどうかの質問に答えます。〇×形式の問題です。
　話を聞くときに、わからないことばがあっても気にしないで聞くようにしましょう。大切なところは日本語でも母語（自分のことば）でもいいですから、メモを書いておいてください。
　その後、話のテーマは何だったか、いくつの部分に分かれていたか、キーワードは何か、考えてみてください（キーワードはその課の最後にあります）。また、音はわかったけれど、意味がわからなかったことばを辞書で調べてみてください。

　1課、6課、8課、9課、12課は資料を見ながら聞く練習です。巻末資料のスライドを見ながらCDを聞くか、動画をダウンロードして話を聞いてください。動画は巻末資料のスライドに、CDの音声がついたものです。動画のスライドはカラーです。動画にアクセスするためのURLはhttps://www.3anet.co.jp/np/resrcs/407600/です。wmvファイルかmp4ファイルをダウンロードし、パスワード（key_academic_japanese_cc_movie_3anet）を入力してお使いください。

3 問題B

もう一度話を聞いて、質問に答えます。最初に質問を見て、答えを考えながら聞きます。聞いてから問題の答えを書きます。このとき、聞いたことをそのまま書くのではなく、短くまとめて書くようにしてください。

4 難しいことば

聞き取った音が辞書で調べられなかった場合は、聞き取った音が間違っているかもしれません。問題Bの下に「難しいことば」が書いてあります。もう一度辞書で調べてみてください。

5 問題C

話の構成を考える練習です。
整理ノート（1課～4課、10課～14課）は、必要なことばを_____に書き入れてください。ここに書くのは話の中に出てこないことばや、話の内容を短くまとめたものです。まとめのことばを自分で考えて入れてください。書いた後で、整理ノートの内容や書き方を確認してください。

例：第2課「信号の話」

●信号の色の①_____
　・日本では緑色の信号を青信号と呼ぶ
　・なぜか

●緑色の信号の呼び方の②_____
　・1930年　‥　緑
　・今　　　‥　青

●③_____
　1) 色の三原色と同じ呼び方にすればわかりやすいから。
　2) 日本には、緑と青の呼び方の区別がなかったから。
　　　④_____：青りんご、青葉

●⑤_____による違い
　フランス：赤・オレンジ・緑

構成表（5課～9課、15課）は、話の構成を表にしたものです。
例：第6課「東京の温泉」

はじめに	温泉の①_____	地面の下から出る25度以上の水、または、塩分やイオウなどが入っている水
	東京の温泉の数	100以上
本題	東京にも温泉がある ②_____	昔、関東平野の場所は海だった ↓ 関東平野の下には海の水が残っている ↓ ③_____ ↓ 温泉になる ↓ ④_____ば、 温泉が出てくると言われている
おわりに		東京でも温泉が楽しめる

　左の列は全体を「はじめに」「本題」「おわりに」の3つに大きく分けたものです。真ん中の列は短い話のまとまり（段落）です。右の列はその段落ごとの内容です。ここでは、段落のタイトルを考えたり、内容を短くまとめたりする練習をします。構成表の形に慣れたら、ほかの話を聞いたときや読んだときなどに自分で作ってみてください。スピーチをするときにも役に立ちます。
　最終的には自分でこのような整理ノートや構成表が書けるようになってください。

6　問題D

　要約を書く練習です。話を150字から200字くらいの長さにまとめます。5課までは重要なことばを_____に書き入れる形で要約の書き方を勉強します。6課からは話のポイントをグループで相談してから書きましょう。12課からは全部自分で考えて書く練習です。課の最後にあるキーワードを参考にしてください。全部自分で書くのが難しいときは、先生に参考資料をもらいましょう。要約というのは、話の重要な部分をまとめることですから、どこが大切な部分か考えて書きましょう。例の部分や「はじめに」の部分を書くこともありますが、書かないことも多いです。キーワード、整理ノート、構成表が参考になります。要約の正解は一つではありませんが、別冊の解答例を参考にしてください。

7 話し合い

聞いた話を友達と話してみてください。話に出てきたことばを使う練習になります。

8 スクリプト

最後に別冊のスクリプトを見ながら聞いてください。聞き取れなかったことばや表現を確認しましょう。

9 聞き取りのポイント

聞き取りの力をつけるためのポイントが書いてあります。最後に読んで確認してください。

10 話の内容に興味を持った人は、関係する情報を調べてみましょう。

別冊

1 スクリプト
2 解答例

解答例と自分の答えの違いを確認してください。正解は一つだけではありません。

教師用の手引き

本書の特徴

　本書は大学などの高等教育機関で学ぶ日本語学習者や高等教育機関への進学を希望する日本語学習者が、講義や研究発表などの独話（モノローグ）を聞く力をつけることを目的に作られたものです。資料を見ながら聞くなど、実際の講義・発表に近い形でも練習します。細かい例などにとらわれずに、全体として話者が言いたいことは何なのかを捉える力をつけることを目的としています。練習をとおして、得た情報の要点把握はもちろん、自分の知識を活性化して聞くといったこともできるようになるでしょう。

　聞く力の養成だけではなく、要約を書く、資料を読む、テーマについて話すなどの活動をとおして、総合的な日本語能力育成につなげることが可能な教材となっています。

　このシリーズは中級、中上級、上級の3部構成になる予定です。本書はそのうちの中級に当たります。

　　　中級：身近な話題についての説明、スピーチがわかる。
　　　中上級：やや専門的な内容の解説、スピーチがわかる。
　　　上級：論理的・抽象的な内容の解説、スピーチがわかる。

　各レベルの詳細は巻末資料の「学習者向け　聴解Can-do」「教師向け　聴解Can-do」を参考にしてください。なお、本シリーズは日本語能力試験には対応していませんが、本書（中級）はN3、中上級はN2、上級はN1が目安です。

本書で学習できること

① 聞く力の養成
- 文章全体のテーマ、構成を理解する
- まとまった内容を聞いて、細部にとらわれることなく、論理の展開を意識することで全体を把握する
- 未習語や聞き取りにくい部分があっても、全体から類推して、情報を補完する
- 具体的な内容を聞きながら、「理由、結果、対策」といった上位概念の語でその内容をまとめる

② 書く力の養成
- 書くことで、聞いたことの内容・構成を理解する
- 整理ノートや構成表、要約を書く

③ 読む力の養成
- 与えられた資料(スライド)を速読し、必要な情報を短時間で得る

④ 話す力の養成
- 内容についての話し合いで自分の経験や意見を述べる

⑤ 文章構成を理解する力の養成
- 日本語の文章に多い3部構成を学ぶ。「はじめに」は問題提起、聞き手の関心を喚起する一般的な事項など、「本題」は主要部分、「おわりに」は全体のまとめ、話し手の主張、今後の課題、発展など
- 文章の構成を理解する手がかりとなる接続詞に注意する
- 定義、対比などの典型的な文の形を理解する
- 抽象的な話をわかりやすくするための例のあり方について理解する。具体的な例は聞き取りやすいが、そればかりにとらわれず、何のための例かを考える

本書の構成と使い方

聞く前に

　イラストと質問を使って、本文の内容を予想させ、聞く準備を行います。

問題A

　本文を2回聞いて、全体がつかめているかどうかの○×問題を行います。ここでは数字や固有名詞などの細部にとらわれず、全体を大きくつかむことを目的としています。キーワードがわからない場合は、この時点で板書などして説明します。課末の「キーワード」を使って確認してもいいでしょう。学習者には、話を聞きながら要点やわからなかったことばをメモする習慣をつけさせてください。

　1課、6課、8課、9課、12課は、資料を見ながら聞く問題です。巻末資料のスライドを見ながらCDを聞くか、動画をダウンロードして話を聞いてください。動画は巻末資料のスライドにCDの音声がついたものです。動画のスライドはカラーです。動画にアクセスするためのURLはhttps://www.3anet.co.jp/np/resrcs/407600/です。wmvファイルかmp4ファイルをダウンロードし、パスワード（key_academic_japanese_cc_movie_3anet）を入力してお使いください。

問題B

　もう一度本文を聞いてから、細かい部分についての質問に答えます。聞いたとおりに解答するのではなくて、自分のことばで短くまとめる問題もあります。

　キーワードが何かを常に意識しながら聞く習慣をつけさせましょう。答え合わせは、ペア活動や、グループで行うのも効果的です。問題Cを見ないで答えさせるようにしてください。

難しいことば

　難易度の高いことばをリストアップしてあります。辞書を引くときの参考にしてください。

問題C

　整理ノートと構成表の二つのタイプの問題があります。ことばの説明やエピソードを語るような本文は整理ノートに、論理の展開があり主張したいことがはっきりわかる本文は構成表になっています。

（1）整理ノート
　段落の見出しとなるような上位概念のことばを考えたり、箇条書きの練習をしたりします。

```
●信号の色の①_____
　・日本では緑色の信号を青信号と呼ぶ
　・なぜか

●緑色の信号の呼び方の②_____
　・1930年　‥　緑
　・今　　　‥　青

●③_____
　1）色の三原色と同じ呼び方にすればわかりやすいから。
　2）日本には、緑と青の呼び方の区別がなかったから。
　　④_____：青りんご、青葉

●⑤_____による違い
　フランス：赤・オレンジ・緑
```

（2）構成表
　本文全体の構成を意識しながら段落ごとに内容をまとめたり、段落の見出しとなるような上位概念のことばを考える練習などをします。

はじめに	温泉の①_____	地面の下から出る25度以上の水、または、塩分やイオウなどが入っている水
	東京の温泉の数	100以上
本題	東京にも温泉がある ②_____	昔、関東平野の場所は海だった ↓ 関東平野の下には海の水が残っている ↓ ③_____ ↓ 温泉になる ↓ ④_____ば、 温泉が出てくると言われている
おわりに		東京でも温泉が楽しめる

問題D

　重要部分を意識し、枝葉の部分を捨てる練習です。要約文を書くことにより、例示などの枝葉部分にとらわれず、話者の言いたいことを全体の中からすくい取ることを考え、常に本文全体におけるその部分の位置づけを意識して聞く練習が必要になります。5課までは必要な語を空欄に入れるという形ですが、その作業をすることにより本文の中の大事な部分を確認し、全体の流れのつかみ方を学習することができるようになっています。課が進むにつれて、ヒントがなくとも独力で要約が書けるようになっていきます。

話し合い

　全体が理解できた後で、関連する内容についてのディスカッションを行います。学習した概念、語彙を定着させることが目的です。クラス全体で、あるいはペアになって話したり、感想を述べたりすることで、学習したことを整理し、覚えた語彙を実際に使ってみることができます。余力がある場合は、本文全体を自分のことばで繰り返したり、ほかの人に説明するという形で再話させたりすることもできます。

別冊

　スクリプトと解答例を掲載しました（1課ずつ切り取ることができます）。
　スライドを見ながら聞く1課、6課、8課、9課、12課のスクリプトにはスライドのページを❶❷❸で示しました。スクリプトの❷❸……にはマウスをクリックする音声が入っています。巻末（76ページ〜）のスライドを見ながら聞く場合に参考にしてください。

教師用の資料

　ご希望の方には、教師用の資料（要約を書くための補足練習シート等）を提供します（無料）。お申し込みは、お名前とご所属をご記入の上、以下のアドレスへメールをお送りください。件名を「『留学生のためのアカデミック・ジャパニーズ聴解中級』教師用資料希望」としてください。sales@3anet.co.jp

時間数など

　1課につき1コマ（90分）の聴解の時間を想定しています。90分に収まらない場合は、話し合いなどを省略したり、問題Dの要約を宿題にしたりしてください。問題Dを宿題にする際は、問題Cを使って要約に書くべき重要なポイントについて事前にクラスで確認するようにしてください。

第1課

富士山
（ふじさん）

▶ CD……トラックNO.1, 2
▶ スライド……https://www.3anet.co.jp/np/resrcs/407600/　または76ページ

聞く前に
● この山の名前は何ですか。
● この山を見たことがありますか。
● この山に登ったことがありますか。
　どうでしたか。

＊この問題は、スライドを見ながら聞く問題です。メモをとりながら聞きましょう。

問題A　話を2回聞いて、内容と合っているものに○、合っていないものに×を書きなさい。

1 (　　)　2 (　　)　3 (　　)　4 (　　)
5 (　　)　6 (　　)

＊答え合わせをしましょう。
＊意味がわからなかったことばを確認しましょう。

14

問題 B もう一度話を聞いて、下の質問に答えなさい。

(1) 富士山はどんな山ですか。

[ ]

(2) 富士山が最後に噴火したのは、いつですか。

[ ]

(3) 富士山についての歌がたくさん入っている本はいつできましたか。

[ ]

(4) どうして、夜、富士山に登りますか。

[ ]

(5) 富士山では、以前どんなことが問題になっていましたか。

[ ]

＊答え合わせをしましょう。わからなかったところを確認しましょう。

難しいことば：記録　爆発　万葉集　描く　ボランティア

問題C　下の＿＿＿に適切なことばを入れて、内容をまとめた整理ノートを完成しなさい。スライドを見ないでください。

●富士山の①＿＿＿＿＿＿＿＿＿＿＿＿

・日本で一番高い（3776メートル）。
・近くに高い山がないので、東京からもよく見える。
・火山である。

●富士山の②＿＿＿＿＿＿＿＿＿＿＿＿

何度も噴火したことがある。
最近では300年ぐらい前の、江戸時代に噴火した。

●富士山と③＿＿＿＿＿＿＿＿＿＿＿＿

日本の古い歌を集めた本、「万葉集」に富士山のことが出ている。
富士山を④＿＿＿＿＿＿＿＿＿＿がたくさんある。
例：江戸時代に描かれた富士山の絵

●富士山の⑤＿＿＿＿＿＿＿＿＿＿＿＿

⑥＿＿＿＿＿＿＿＿＿＿＿＿＿＿＿＿ので、子供やお年寄りも登ることができる。
夏に登る人が多い。
夜登って、朝、山の上で太陽が出てくるのを見る。

●富士山の⑦＿＿＿＿＿＿＿＿＿＿＿＿

⑧＿＿＿＿＿＿＿＿＿＿＿＿こと→ごみは少なくなった。

＊答え合わせをしましょう。答えは一つではありません。どの答えがいいか、話し合いましょう。

問題 D 以下は今聞いた話の要約です。＿＿＿に適切なことばを入れなさい。

富士山は①＿＿＿＿＿＿＿＿一番高い山②＿＿＿＿、高さは3776メートルである。以前、何度も③＿＿＿＿＿＿、また噴火する④＿＿＿＿＿＿＿＿。昔から歌や絵などの⑤＿＿＿＿＿＿によく⑥＿＿＿＿＿＿。見て楽しむ⑦＿＿＿＿＿、登山もできる。10年ぐらい前には、山に登る人が⑧＿＿＿＿＿＿＿のので問題になっていたが、最近はごみが少なくなった。

＊答え合わせをしましょう。答えは一つではありません。どの答えがいいか、話し合いましょう。
＊話し合い
　あなたの国で、とても人気がある山がありますか。どうしてその山は人気があるのでしょうか。
＊最後に、スクリプトを見ながらもう一度聞きましょう。

聞き取りのポイント いくつの部分に分かれている？

　「富士山」の話はいくつの部分に分かれていますか。それぞれどんな話でしたか。「富士山」の話は「富士山の特徴」「歴史」「芸術作品」「登山」「問題点」の五つの話からできています。スライドもこの五つの話で5枚あります。整理ノートでも五つの話になっています。いくつの話があったか、それぞれの話はどんな内容だったか考えてみましょう。

キーワード：火山　噴火　芸術作品　ごみ　登山

第2課
信号の話

▶ CD……トラックNO.3, 4

聞く前に
- あなたの国では、信号の色は何色ですか。
- 信号の色は国によって違うと思いますか。

＊メモをとりながら聞きましょう。

問題A 話を2回聞いて、内容と合っているものに○、合っていないものに×を書きなさい。

1 (　　)　　2 (　　)　　3 (　　)　　4 (　　)
5 (　　)

＊答え合わせをしましょう。
＊意味がわからなかったことばを確認しましょう。

問題 B もう一度話を聞いて、下の質問に答えなさい。

(1) 信号の色は国際的にどんな色に決められていますか。

[　　　　　　　　　　　　　　　　　　　　　　　　　　　　　　]

(2) 日本では1930年と今とでは、信号の色の呼び方はどのように変化しましたか。

　　1930年→_____
　　今→_____

(3) 信号の色の呼び方が変わったのはなぜですか。理由を二つ書きなさい。

[　理由1:

　理由2:
　　　　　　　　　　　　　　　　　　　　　　　　　　　　　　]

(4) 信号のそれぞれの色をフランスではどう呼びますか。

[　　　　　　　　　　　　　　　　　　　　　　　　　　　　　　]

＊答え合わせをしましょう。わからなかったところを確認しましょう。

難しいことば：色の三原色　区別　青葉

問題C 下の＿＿に適切なことばを入れて、内容をまとめた整理ノートを完成しなさい。

●信号の色の①＿＿＿＿＿＿＿＿＿＿

・日本では緑色の信号を青信号と呼ぶ

・なぜか

●緑色の信号の呼び方の②＿＿＿＿＿＿＿＿＿＿

・1930年　‥　緑
・今　　　‥　青

●③＿＿＿＿＿＿＿＿＿＿＿＿＿

1) 色の三原色と同じ呼び方にすればわかりやすいから。
2) 日本には、緑と青の呼び方の区別がなかったから。
　　④＿＿＿＿＿＿＿＿＿：青りんご、青葉

●⑤＿＿＿＿＿＿＿＿＿による違い

　フランス：赤・オレンジ・緑

＊答え合わせをしましょう。答えは一つではありません。どの答えがいいか、話し合いましょう。

問題D 以下は今聞いた話の要約です。＿＿＿に適切なことばを入れなさい。

信号の色は国際的に「赤・黄色・緑」に決まっているが、日本では①＿＿＿＿＿＿＿＿＿＿＿＿＿＿＿＿＿と呼ぶ。考えられる一つ目の理由は、小学校で習う色の三原色の②＿＿＿＿＿＿＿＿＿＿＿＿＿＿＿が、日本人には③＿＿＿＿＿＿＿＿＿＿＿＿＿＿＿＿＿からだというものである。もう一つの理由は、昔の日本では④＿＿＿＿＿＿＿＿＿＿＿＿＿＿＿＿がなくて、今でも⑤＿＿＿＿＿＿＿＿＿＿＿＿＿＿＿＿＿＿＿＿＿＿＿ものである。国によって、信号の⑥＿＿＿＿＿＿＿＿＿＿＿＿＿はさまざまである。

＊答え合わせをしましょう。答えは一つではありません。どの答えがいいか、話し合いましょう。
＊話し合い
　色の呼び方は国によって変わることがありますか。(例：太陽の色、虹の色)
＊最後にスクリプトを見ながらもう一度聞きましょう。

聞き取りのポイント ○○の話

　この話は「信号」の話ですが、信号の何についての話でしたか。「信号の三つの色の話」ですね。もう少し詳しく言うと、「信号の色の呼び方の話」です。話を聞いたら「○○の話」というように、短いことばで全体をまとめてみましょう。

キーワード：信号　赤　青　緑　黄色

第3課

隠れキリシタン

▶ CD……トラックNO.5, 6

聞く前に

● 左の絵は仏像に向かって祈る人です。仏像というのは仏教のものです。
  左の絵は、いつごろの時代の絵だと思いますか。
● キリシタンというのは、どのような意味だと思いますか。

＊メモをとりながら聞きましょう。

問題A 話を2回聞いて、内容と合っているものに○、合っていないものに×を書きなさい。

1 (　　)　　2 (　　)　　3 (　　)　　4 (　　)
5 (　　)　　6 (　　)

＊答え合わせをしましょう。
＊意味がわからなかったことばを確認しましょう。

問題 B　もう一度話を聞いて、下の質問に答えなさい。

(1) この人はどこでこの仏像を見ましたか。

[　　　　　　　　　　　　　　　　　　　　　　　　　　　　　　　　　]

(2) この人はこの仏像を見たとき、なぜ不思議だと思ったのですか。

[　　　　　　　　　　　　　　　　　　　　　　　　　　　　　　　　　]

(3) この仏像の特徴は何ですか。

[　　　　　　　　　　　　　　　　　　　　　　　　　　　　　　　　　]

(4) 誰が、どのようなときに、この仏像を使いましたか。
　　　誰が：＿＿＿＿＿＿＿＿＿＿＿＿

　　　どのようなときに：＿＿＿＿＿＿＿＿＿＿＿＿＿＿＿に祈るとき

(5) どうしてこの仏像を使いましたか。
　　　＿＿＿＿＿＿＿＿＿＿＿＿＿＿＿＿＿＿＿を隠すために使いました。
　　　江戸時代には＿＿＿＿＿＿＿＿＿＿＿＿＿＿＿＿＿からです。

＊答え合わせをしましょう。わからなかったところを確認しましょう。

難しいことば：博物館　信じる　祈る

問題 C 下の_____に適切なことばを入れて、内容をまとめた整理ノートを完成しなさい。

●この人が見た不思議なもの
- ①_____：九州の長崎、②_____の博物館
- 見たもの　　：仏像

●その仏像の③_____
- 前から見ると仏像だが、後ろに十字架がついていた。
  ‖
  （キリスト教の④_____）

●⑤_____時代の日本のキリスト教
- 禁止されていた。
- 信じていることがわかると、⑥_____こともあった。
  ↓
  隠れキリシタンは⑦_____キリスト教の神に祈っていた。

＊答え合わせをしましょう。答えは一つではありません。どの答えがいいか、話し合いましょう。

問題 D 以下は今聞いた話の要約です。＿＿＿に適切なことばを入れなさい。

この人は長崎に行ったとき、①＿＿＿＿＿＿＿＿＿＿＿＿＿＿で②＿＿＿＿＿
＿＿＿＿＿＿＿＿＿＿＿＿＿＿＿＿＿仏像を見た。この仏像は江戸時代の
ものだ。江戸時代はキリスト教が③＿＿＿＿＿＿＿＿＿＿＿＿＿＿＿。キリス
ト教を信じていることがわかったら、④＿＿＿＿＿＿＿＿＿＿＿ こともあった。
だから、キリスト教を信じている人はこのような⑤＿＿＿＿＿＿＿＿を見ながら、
心の中では、⑥＿＿＿＿＿＿＿＿＿＿＿＿＿に祈っていたのである。

＊答え合わせをしましょう。答えは一つではありません。どの答えがいいか、話し合いましょう。
＊話し合い
・あなたの国では、どんな宗教が信じられていますか。
・あなたが旅行したときに見た不思議なものについて説明してください。
＊最後に、スクリプトを見ながらもう一度聞きましょう。

|聞き取りのポイント| わからないことばがあっても

話の中にわからないことばが出てくると、不安になるかもしれません。そんなとき
も落ち着いて、その後ろの文も聞きましょう。難しいことばを「つまり」や「というの
は」を使って、易しいことばで説明していることがあります。この課では、「隠れキリ
シタン、つまり」と言って、隠れキリシタンの説明をしています。

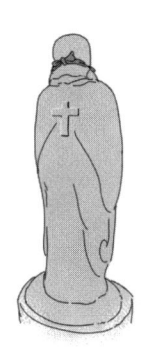

キーワード：不思議なもの　キリスト教　仏像　江戸時代　禁止

第4課 水族館
すいぞくかん

▶ CD……トラックNO.7, 8

聞く前に

- あなたの国には、水族館がありますか。行ったことがありますか。
- 日本で、水族館に行ったことがありますか。
- 水族館の魚は何を食べますか。

＊メモをとりながら聞きましょう。

問題A 話を2回聞いて、内容と合っているものに○、合っていないものに×を書きなさい。

1 (　　)　　2 (　　)　　3 (　　)　　4 (　　)
5 (　　)　　6 (　　)

＊答え合わせをしましょう。
＊意味がわからなかったことばを確認しましょう。

問題 B もう一度話を聞いて、下の質問に答えなさい。

(1) 本当の海と水族館の違いは何ですか。

[　　　　　　　　　　　　　　　　　　　　　　　　]

(2) (1)の理由は何ですか。

[　　　　　　　　　　　　　　　　　　　　　　　　]

(3) 「狩り」というのは何ですか。

[　　　　　　　　　　　　　　　　　　　　　　　　]

(4) 狩りは生き物にとって、どんな危険がありますか。

[　　　　　　　　　　　　　　　　　　　　　　　　]

(5) 生き物はどんなときに狩りをしますか。

[　　　　　　　　　　　　　　　　　　　　　　　　]

＊答え合わせをしましょう。わからなかったところを確認しましょう。

難しいことば：水槽　体長　飼う　飢える　襲う　命を落とす

問題 C　下の＿＿＿に適切なことばを入れて、内容をまとめた整理ノートを完成しなさい。

●日本の水族館
大きい魚と小さい魚が一緒に泳いでいる。
例：マグロ、アジなど

●海の魚と水族館の魚の①＿＿＿＿＿＿＿＿
本当の海だったら、大きい魚は小さい魚を食べるのに、
水族館の大きい魚は小さい魚を食べない。
②＿＿＿＿＿＿＿＿＿＿＿：水族館の魚は十分に餌をもらえるから。

●生き物にとって「狩り」とは？
ほかの生き物を捕ること
ときには③＿＿＿＿＿＿＿＿＿＿なこと
大変な④＿＿＿＿＿＿＿＿＿＿を使う。
本当に必要なときにしかしない。

＊答え合わせをしましょう。答えは一つではありません。どの答えがいいか、話し合いましょう。

問題 D　以下は今聞いた話の要約です。＿＿＿に適切なことばを入れなさい。

普通、海の中では小さい魚が①＿＿＿＿＿＿＿＿＿＿＿＿＿＿＿＿が、水族館の水槽では、大きい魚と小さい魚が②＿＿＿＿＿＿＿＿＿＿＿＿。それは、水族館では、③＿＿＿＿＿＿＿＿＿＿＿＿＿＿からだ。狩りをするのは生き物にとって④＿＿＿＿＿＿＿＿＿＿＿＿＿＿である。だから、本当に必要なときにしかしない。

＊答え合わせをしましょう。答えは一つではありません。どの答えがいいか、話し合いましょう。
＊話し合い
　野生の動物と、動物園や水族館などで飼われている動物の違いについて話し合いましょう。
＊最後にスクリプトを見ながらもう一度聞きましょう。

聞き取りのポイント　「なぜでしょうか」があったら

　この話の中に「なぜでしょうか」という質問があります。「理由」を聞いています。次の文の初めに、「それは」そして、その文の終わりに「～からです」があります。理由を説明しているのです。「なぜでしょうか」があったら理由を探してください。「それは」のほかに、「なぜなら」「なぜかというと」「というのは」などで理由を説明することがあります。

キーワード：水族館　餌　エネルギー　狩り　生き物

第5課

ゴリラの食事

▶ CD……トラックNO.9, 10

聞く前に
- ゴリラは森の中でどんな生活をしていると思いますか。
- ゴリラはどんな食べ物が好きだと思いますか。

＊メモをとりながら聞きましょう。

問題A　話を2回聞いて、内容と合っているものに○、合っていないものに×を書きなさい。

1 (　　)　　2 (　　)　　3 (　　)　　4 (　　)
5 (　　)

＊答え合わせをしましょう。
＊意味がわからなかったことばを確認しましょう。

問題 B　もう一度話を聞いて、下の質問に答えなさい。

(1) ゴリラは朝御飯に何を食べますか。

[　　　　　　　　　　　　　　　　　　　　　　　　　　　　　]

(2) 朝御飯の後、ゴリラは何をしに森の奥へ入っていきますか。

[　　　　　　　　　　　　　　　　　　　　　　　　　　　　　]

(3) 果物が甘かったら、ゴリラはどうしますか。

[　　　　　　　　　　　　　　　　　　　　　　　　　　　　　]

(4) 果物が甘くなかったら、ゴリラはどうしますか。

[　　　　　　　　　　　　　　　　　　　　　　　　　　　　　]

(5) ゴリラが果物を食べることは、その植物にとってどのように役に立っていますか。

[　　　　　　　　　　　　　　　　　　　　　　　　　　　　　]

(6) 最後に「自然はうまくできていますね」と言っていますが、それはどういう意味ですか。

[　　　　　　　　　　　　　　　　　　　　　　　　　　　　　]

＊答え合わせをしましょう。わからなかったところを確認しましょう。

難しいことば：奥　ふん　土　成長　芽

問題 C 下の_____に適切なことばを入れて、内容をまとめた表を完成しなさい。

はじめに	ゴリラとは	猿の一種で、体は大きい、よく食べる	
本題	ゴリラの食事の仕方	①_____	草や葉を食べる
		その後	森の奥で果物を採る ⋮ ・甘い→どんどん食べる ・甘くない→食べるのをやめる →甘くておいしい果物を探しにいく
	ゴリラの役割	②_____こと ＝ ゴリラが食べた果物の種→ゴリラのおなか →別の場所でふんとして土の上に落とされる →そこで成長して果物を作る	
おわりに	自然界におけるゴリラと植物のいい③_____	④_____：甘くておいしい果物を食べる ↕ 互いに役に立っている ⑤_____：種が別の場所に運ばれて増える	

＊答え合わせをしましょう。答えは一つではありません。どの答えがいいか、話し合いましょう。

問題 D 以下は今聞いた話の要約です。＿＿＿＿に適切なことばを入れなさい。

ゴリラはよく食べる①＿＿＿＿＿＿だ。②＿＿＿＿＿＿＿＿＿＿＿＿＿＿＿＿と、それをたくさん食べる。そしてまた別の場所へおいしいものを探しに行く。その間に種はふんとして③＿＿＿＿＿＿＿＿＿＿＿＿＿＿。そうすると、またその植物がそこで④＿＿＿＿＿＿＿＿。つまりゴリラは甘くておいしい果物を食べながら、⑤＿＿＿＿＿＿＿＿＿＿＿＿＿＿＿＿のである。ゴリラと植物は互いに⑥＿＿＿＿＿＿＿＿＿＿＿＿＿＿＿＿＿。

＊答え合わせをしましょう。答えは一つではありません。どの答えがいいか、話し合いましょう。
＊話し合い
　この話のほかに「自然はうまくできている」と思ったことがありますか。グループで話し合ってみましょう。
＊最後に、スクリプトを見ながらもう一度聞きましょう。

聞き取りのポイント 大切なところはどこ？

　問題Dの要約を見てください。「要約」は話の大切なところをまとめたものです。聞いてわかったことを全部書くのではありません。問題Cの表の重要な部分を使います。「ゴリラの食事」では「はじめに」の中のよく食べることと、「本題」のゴリラの食事の仕方・ゴリラの役割、「おわりに」の自然界におけるゴリラと植物の関係を短くまとめます。

キーワード：動物　植物　種　運ぶ　自然

第6課

東京の温泉
とうきょう　おんせん

▶ CD……トラックNO.11, 12
▶ スライド……https://www.3anet.co.jp/np/resrcs/407600/　または77ページ

聞く前に
- 温泉に行ったことがありますか。
- 温泉はどんなところにありますか。

＊この問題は、スライドを見ながら聞く問題です。メモをとりながら聞きましょう。

問題A　話を2回聞いて、内容と合っているものに○、合っていないものに×を書きなさい。

1 (　　)　　2 (　　)　　3 (　　)　　4 (　　)
5 (　　)

＊答え合わせをしましょう。
＊意味がわからなかったことばを確認しましょう。

34

問題 B もう一度話を聞いて、下の質問に答えなさい。

(1) 温泉とは何ですか。定義を書いてください。

[　　　　　　　　　　　　　　　　　　　　　　　　　　　]

(2) 東京にはどのぐらい温泉がありますか。

[　　　　　　　　　　　　　　　　　　　　　　　　　　　]

(3) ① 関東平野のある場所は何十万年も前、どのような場所でしたか。

② ①の場所はどのように変化しましたか。

③ 今、関東平野のずっと下には何がありますか。

＊答え合わせをしましょう。わからなかったところを確認しましょう。

難しいことば：地面　泥　たまる　陸

問題 C 下の_____に適切なことばを入れて、内容をまとめた表を完成しなさい。スライドを見ないでください。

はじめに	温泉の①_____	地面の下から出る25度以上の水、または、塩分やイオウなどが入っている水
	東京の温泉の数	100以上
本題	東京にも温泉がある ②_____	昔、関東平野の場所は海だった ↓ 関東平野の下には<u>海の水</u>が残っている ↓ ③_____ ↓ 温泉になる ↓ ④_____ば、 温泉が出てくると言われている
おわりに		東京でも温泉が楽しめる

＊答え合わせをしましょう。答えは一つではありません。どの答えがいいか、話し合いましょう。

問題 D　今聞いた話の要約を書きます。

(1) 要約に書くべきポイントを三つあげなさい。まず自分で考えて答えを書いてから、グループで話し合いましょう。それから、下の答えを見て確認してください。

[
・　　　　　　　　　・
・
]

(2) (1)の答えを見ながら、150字から200字で要約を書きなさい。

（原稿用紙）

＊話し合い
・あなたの国に温泉はありますか。
・温泉は好きですか、嫌いですか。なぜですか。グループで話し合ってみましょう。

＊最後に、スクリプトを見ながらもう一度聞きましょう。

聞き取りのポイント　話の構成は三つ

　　日本語の話はだいたい「はじめに」「本題」「おわりに」の三つに分かれています。問題Cの表を見てください。「本題」がこの話の中で一番大切な部分です。話を聞くとき、「はじめに」「本題」「おわりに」のどの部分を聞いているのか、考えながら聞いてください。

キーワード：温泉　関東平野　海の水　地球の熱　掘る
問題D(1)の答え：・温泉の定義　・東京に温泉がたくさんあること　・その理由

37

第7課

失敗学
しっぱいがく

▶ CD……トラックNO.13, 14

聞く前に
- 今までに何かをしようとして、失敗したことがありますか。
- 「失敗学」というのは、どのようなものだと思いますか。

*メモをとりながら聞きましょう。

問題A 話を2回聞いて、内容と合っているものに○、合っていないものに×を書きなさい。

1 (　　)　　2 (　　)　　3 (　　)　　4 (　　)
5 (　　)　　6 (　　)　　7 (　　)

*答え合わせをしましょう。
*意味がわからなかったことばを確認しましょう。

問題B　もう一度話を聞いて、下の質問に答えなさい。

(1) 畑村先生は、授業中、学生のどんなことに困っていましたか。

[　　　　　　　　　　　　　　　　　　　　　　　　　　　]

(2) 畑村先生がどんな話をしたとき、学生は一生懸命に話を聞きましたか。

[　　　　　　　　　　　　　　　　　　　　　　　　　　　]

(3) 畑村先生の書いた本は、よく売れましたか。

[　　　　　　　　　　　　　　　　　　　　　　　　　　　]

(4) 本を出したことをきっかけに、畑村先生はどのような仕事をするようになりましたか。

[　　　　　　　　　　　　　　　　　　　　　　　　　　　]

(5) 失敗の話は、どうして役に立ちますか。

[　　　　　　　　　　　　　　　　　　　　　　　　　　　]

＊答え合わせをしましょう。わからなかったところを確認しましょう。

難しいことば：ぼーっとする　目を輝かせる　声をかける　まとめる　ベストセラー

問題 C 下の_____に適切なことばを入れて、内容をまとめた表を完成しなさい。

はじめに	畑村先生の ①_____		大学の先生 『失敗学のすすめ』という本を書いた
本題	畑村先生が本を書いた経緯	以前の学生たちの ②_____	寝ていたり、ぼーっとしたり、おしゃべりをしたりして、先生の話を聞かない
		ある日の学生たちの ③_____	先生が失敗をした話をした ↓ 学生たちは、目を輝かせて話を聞いた
		先生が ④_____こと	学生たちは、「こうすればうまくいく」という話より、「うまくいくと思ってやったのに、失敗してしまった」という話を聞きたがっている
		本を書くために先生がしたこと	同僚や卒業生たちに声をかけて、みんなの⑤_____を250例集めた ↓ 『失敗学のすすめ』の出版
	出版した結果		本は、⑥_____になった 先生は、いろいろなところで講演をするようになった
おわりに	畑村先生の ⑦_____		誰かが成功したそのやり方を ⑧_____だけでは、新しいものを創り出すことはできない 失敗した経験から学んだほうがいい

＊答え合わせをしましょう。答えは一つではありません。どの答えがいいか、話し合いましょう。

問題 D　今聞いた話の要約を書きます。

(1) 要約に書くべきポイントを四つあげなさい。まず自分で考えて答えを書いてから、グループで話し合いましょう。それから、下の答えを見て確認してください。

[
・　　　　　　　　　　・
・　　　　　　　　　　・
]

(2) (1)の答えを見ながら、150字から200字で要約を書きなさい。

＊話し合い
　・今までに経験した失敗の話を、グループで話し合ってみましょう。
　・あなたが失敗した経験は、将来、どのように役に立つと思いますか。
＊最後に、スクリプトを見ながらもう一度聞きましょう。

キーワード：失敗　経験　まねる　ヒント
問題 D (1) の答え：・先生が本を書いた経緯　・本の内容　・本はどうなったか　・先生の言っていること　41

聞き取りのポイント 「おわりに」の役割

　問題Cを見てみましょう。「おわりに」の部分は、畑村先生が言ったことを紹介して、この話をまとめています。このように、「おわりに」で全体のまとめを言うことがあります。

発展問題 畑村先生の本『失敗学のすすめ』の宣伝（品物を売るためにするいろいろなこと）に合う文章を次の1～3から一つ選びなさい。

1. 失敗は悪いことではない！ 人生、成功するだけが、幸せではありません。失敗ばかりしていても、こんなに幸せな人生が送れます。この本には、すばらしい失敗の体験が書かれています。あなたの人生を変える本になるでしょう。

2. この本を読めば、あなたは失敗しなくなります。いつも失敗して怒られている人は、この本を読んで、失敗しない方法を学びましょう。ちょっと注意するだけで、失敗は避けられます。成功するためにはまず、失敗しないことが大切です。

3. この本には、失敗の体験がたくさん書かれています。しかし、なぜ失敗したのかをよく研究すれば、成功するために何をするべきか、そして、何をしてはいけないかがわかります。失敗を知ることが成功への早道です。

第8課

札幌のお祭り

▶ CD……トラックNO.15, 16
▶ スライド……https://www.3anet.co.jp/np/resrcs/407600/　または79ページ

北海道
札幌

四国
高知

聞く前に

● 北海道へ行ったことがありますか。
● 四国へ行ったことがありますか。
● あなたの国にはどのようなお祭りがありますか。
● そのお祭りがどのように始まったか知っていますか。

＊この問題は、スライドを見ながら聞く問題です。メモをとりながら聞きましょう。

問題A

話を2回聞いて、内容と合っているものに○、合っていないものに×を書きなさい。

1 (　)　2 (　)　3 (　)　4 (　)
5 (　)　6 (　)　7 (　)

＊答え合わせをしましょう。
＊意味がわからなかったことばを確認しましょう。

問題 B もう一度話を聞いて、下の質問に答えなさい。

(1) さっぽろ雪まつりは、どのようなことから始まりましたか。

[　　　　　　　　　　　　　　　　　　　　　　　　　　　　　　　　　]

(2) さっぽろ雪まつりの見どころ（見るべきところ、特にすばらしいところ）は何ですか。

[　　　　　　　　　　　　　　　　　　　　　　　　　　　　　　　　　]

(3) YOSAKOIソーラン祭りはどのようにして始まりましたか。_____の中に適切なことばを入れて、答えを完成させなさい。
　　　北海道の大学生が①_____に行ったときに、②_____を見て、そこで使われていた鳴子という③_____を使って、北海道のソーラン節に合わせて踊りたいと思った。それで、札幌に帰ってから、友達を④_____。これがこのお祭りの始まりである。

(4) YOSAKOIソーラン祭りのルールは何ですか。二つ書いてください。
　　　①_____
　　　②_____

＊答え合わせをしましょう。わからなかったところを確認しましょう。

難しいことば：像　見どころ　楽器　鳴らす

問題 C 下の_____に適切なことばを入れて、内容をまとめた表を完成しなさい。スライドを見ないでください。

はじめに	テーマの紹介		ふるさと、札幌のお祭り
本題	二つの祭りが行われる①_____		札幌の大通公園
	さっぽろ雪まつり	②_____	毎年2月
		③_____	札幌の中学生と高校生が雪で像を作って飾ったことから
		現在の様子	・国際的　外国からも見物に来る 　　　　　外国のチームも参加する ・④_____　夜のライトアップ
	YOSAKOIソーラン祭り	⑤_____	毎年6月
		⑥_____	北海道の大学生が高知で、よさこい祭りを見て、感動した ↓ よさこい祭りのように鳴子を鳴らして、北海道の歌に合わせて踊りたい ↓ 札幌で仲間と一緒に鳴子を鳴らしてソーラン節の曲で踊った
		⑦_____	・3万人が踊り、200万人が見に来る ・外国からも参加 ・ルール：1. 鳴子を鳴らすこと 　　　　　2. ソーラン節のメロディーで踊ること ・踊りも服も、各グループが自由に決める
おわりに	北海道のお祭り		明治以降始まったお祭りが多い

＊答え合わせをしましょう。答えは一つではありません。どの答えがいいか、話し合いましょう。

問題 D　今聞いた話の要約を書きます。

(1) 要約に書くべきポイントを四つあげなさい。まず自分で考えて答えを書いてから、グループで話し合いましょう。それから、下の答えを見て確認してください。

[　・　　　　　　　　　　・
　・　　　　　　　　　　・　　　　　　　　　　　　]

(2) (1)の答えを見ながら、150字から200字で要約を書きなさい。

＊話し合い
　あなたの国のお祭りについて、グループで簡単に紹介し合いましょう。
＊最後に、スクリプトを見ながらもう一度聞きましょう。

聞き取りのポイント　まとめのことば

　　問題Cの表の左の部分は「はじめに」「本題」「おわりに」でした。右の部分には、聞いたことを短くまとめて書きます。真ん中の部分には、「場所」「時期」「始まり」など、右の部分に書いてある内容を短くまとめたことばを書きます。このことばは話の中にはありません。どんなことばでまとめられるか、聞いた後で考えましょう。

キーワード：札幌　お祭り　大通公園
問題 D（1）の答え：・二つのお祭り　・その共通点　・それぞれの特徴　・北海道のお祭りの特徴

第9課

津軽三味線(つがるじゃみせん)

▶ CD……トラックNO.17~19
▶ スライド……https://www.3anet.co.jp/np/resrcs/407600/　または82ページ

聞く前に

- この絵の楽器の名前は何ですか。
- あなたの国に、この絵のような楽器はありますか。
- この楽器の演奏を聞いたことがありますか。

*この問題は、スライドを見ながら聞く問題です。メモをとりながら聞きましょう。

問題A　話を2回聞いて、内容と合っているものに○、合っていないものに×を書きなさい。

1（　　）　2（　　）　3（　　）　4（　　）
5（　　）

*答え合わせをしましょう。
*意味がわからなかったことばを確認しましょう。

問題 B もう一度話を聞いて、下の質問に答えなさい。

（1）津軽三味線は、いつ、どこで、生まれましたか。

［　　　］

（2）三味線のもとになる楽器は、いつ、どこから、日本へ来ましたか。
　　　名前はどのように変わりましたか。

［　　　］

（3）津軽三味線はどのように使われますか。
　　　最初：_____

　　　今：_____

（4）普通の三味線と津軽三味線の演奏方法の違いは何ですか。
　　　普通の三味線：_____

　　　津軽三味線：_____

（5）津軽三味線とジャズで共通する演奏の方法は何ですか。

［　　　］

（6）最近はどのような形で演奏されることがありますか。

［　　　］

＊答え合わせをしましょう。わからなかったところを確認しましょう。

難しいことば：伴奏　独特な　はじく　たたく　ジャズ

問題 C 下の＿＿＿に適切なことばを入れて、内容をまとめた表を完成しなさい。スライドを見ないでください。

はじめに	①＿＿＿＿＿とは	日本の伝統的な楽器の一つ
本題	津軽三味線の ②＿＿＿＿＿	15世紀　中国　→　沖縄（三線） 16世紀　沖縄　→　九州の鹿児島（三味線） 200年前　青森県津軽地方へ
	津軽三味線の ③＿＿＿＿＿	歌の伴奏　→　歌の伴奏や 　　　　　　　　津軽三味線だけの演奏
	津軽三味線の ④＿＿＿＿＿	普通の三味線：　はじく 　　　　　　　　決められたとおりに弾く 津軽三味線：　はじく、たたく、など 　　　　　　　即興演奏も行われる
おわりに	⑤＿＿＿＿＿	西洋楽器との組み合わせ 力強い音、独特な演奏方法 ↓ ますます人気上昇

＊答え合わせをしましょう。答えは一つではありません。どの答えがいいか、話し合いましょう。

問題 D　今聞いた話の要約を書きます。

（1）要約に書くべきポイントをいくつかあげなさい。まず自分で考えて答えを書いてから、グループで話し合いましょう。それから、下の答えを見て確認してください。

[　　　　　　　　　　　　　　　　　　　　　　　　　　　　　　　　　　　]

（2）（1）の答えを見ながら、150字から200字で要約を書きなさい。

＊話し合い
　あなたの国の伝統的な楽器について、グループで紹介し合いましょう。
＊最後に、スクリプトを見ながらもう一度聞きましょう。

聞き取りのポイント 聞く前に考える

　授業では、各課の話を聞く前に題名やイラストを見て、これからどんな内容を聞くか考えます。何かをする前にそれがどうなるか、考えることを「予測」と言います。予測してから話を聞くほうが、話が理解しやすくなります。

付録のCDのトラック19に、津軽三味線のサンプル音が入っています。

キーワード：津軽三味線　楽器　伝わる　演奏
問題D（1）の答え：・津軽三味線とは　・どのように伝わったか　・使われ方の変化　・演奏方法の特徴

51

第10課

メールの書き方

▶ CD……トラックNO.20, 21

聞く前に
● パソコンで日本語のメールを書いたことがありますか。
● 日本語でメールを書くときに、困ったことがありますか。

＊メモをとりながら聞きましょう。

問題A 話を2回聞いて、内容と合っているものに○、合っていないものに×を書きなさい。

1 (　　)　　2 (　　)　　3 (　　)　　4 (　　)
5 (　　)

＊答え合わせをしましょう。
＊意味がわからなかったことばを確認しましょう。

問題 B もう一度話を聞いて、下の質問に答えなさい。

(1) メールでは、最初に何を書きますか。

[
　
　
　
]

(2) ホームステイのお礼のメールを書くとき、「ありがとうございました」ということばの前に、何と書きますか。

　　　_____、ありがとうございました。

(3) 最後に、今後のことを書くことによって、どのような気持ちを表現していますか。

[
　
　
　
]

(4) メールの終わりの挨拶は、どう書けばいいですか。

[
　
　
　
]

＊答え合わせをしましょう。わからなかったところを確認しましょう。

難しいことば：フルネーム　所属　具体的な

問題C 下の＿＿に適切なことばを入れて、内容をまとめた整理ノートを完成しなさい。

```
テーマ：メールの書き方          例：①＿＿＿＿＿＿＿

（1）②＿＿＿＿＿の人の名前      例：佐藤さん／田中様

（2）③＿＿＿＿＿の名前          例：パク・ジョンです。／ジョンです。

（3）簡単な④＿＿＿＿＿          例：こんにちは。／お元気ですか。

（4）⑤＿＿＿＿＿＿＿

　　1）⑥＿＿＿＿＿＿＿
　　　例：～ていただき、ありがとうございました。
　　2）⑦＿＿＿＿＿＿＿な内容
　　　例：天ぷら、とてもおいしかったです。
　　　　　スカイツリーからの景色に、感動しました。

（5）⑧＿＿＿＿＿＿＿のこと
　　相手との良い関係をずっと続けたいという気持ちを表す。
　　　例：これからもよろしくお願いします。

（6）終わりの⑨＿＿＿＿＿＿＿   例：またご連絡します。

（7）⑩＿＿＿＿＿＿＿           例：パク・ジョン
```

＊答え合わせをしましょう。答えは一つではありません。どの答えがいいか、話し合いましょう。

発展問題 今聞いた話を参考にして、下のメールを完成させなさい。

[あなたは、以前に習った学校の先生にメールで敬語の本を紹介していただきました。お礼のメールを書きます。]

①_____

②_____

こんにちは。
③_____
④_____、ありがとうございました。
さっそく買って、毎日勉強しています。

またわからないことがあったら、お聞きするかもしれませんが、
⑤_____

⑥_____

⑦_____

*答え合わせをしましょう。答えは一つではありません。どの答えがいいか、話し合いましょう。
*話し合い
・あなたの国では、メールを書くときのルールがありますか。
・この課では、「お礼」のメールの書き方を勉強しましたが、「お願い」のメールを書くときの書き方には、どんなルールがあると思いますか。話し合ってみましょう。
*最後に、スクリプトを見ながらもう一度聞きましょう。

聞き取りのポイント テーマと例

「メールの書き方」と「お礼のメール」の話がありました。どちらがこの話のテーマかわかりますか。「メールの書き方」がテーマで、「お礼のメール」はその例です。例のほうが長かったり、わかりやすい内容だったりすることがありますが、例をテーマと間違えないよう、話の構成に注意して聞いてください。

キーワード：お礼　挨拶　関係

第11課

アクセント

▶ CD……トラックNO.22~24

聞く前に
- 日本語のアクセントについて勉強したことがありますか。
- A「日本」とB「2本」は同じアクセントですか。違うアクセントですか。
考えた後で、音声を聞いてください。トラックNO.22

*メモをとりながら聞きましょう。

問題A 話を2回聞いて、内容と合っているものに○、合っていないものに×を書きなさい。

1 (　　)　　2 (　　)　　3 (　　)　　4 (　　)
5 (　　)

*答え合わせをしましょう。
*意味がわからなかったことばを確認しましょう。

問題 B　もう一度話を聞いて、下の質問に答えなさい。

(1) アクセントの種類にはどのようなものがありますか。

　[　　　　　　　　　　　　　　　　　　　　　　　　　　　　　]

(2) 日本語のアクセントはどのようなアクセントですか。

　[　　　　　　　　　　　　　　　　　　　　　　　　　　　　　]

(3) アクセントによって意味が変わる例を、
　　「食べるアメ」と「空から降るアメ」のように書いてください。

　[　　　　　　　　　　　　　　　　　　　　　　　　　　　　　]

(4) 「コーヒーを﹁イッパイ﹂飲みました」と言っていましたが、それはどういう意味ですか。

　[　　　　　　　　　　　　　　　　　　　　　　　　　　　　　]

＊答え合わせをしましょう。わからなかったところを確認しましょう。

難しいことば：貝　誤解

問題C　下の_____に適切なことばを入れて、内容をまとめた整理ノートを完成しなさい。

● ①_____によって、さまざまなアクセントがある。

　　　┌ 強弱アクセント
　　　│ 高低アクセント
　　　└ 長短アクセント　など

● ②_____のアクセントは、高低アクセント

● アクセントが違うと③_____になることばがある。

　例1：┌ アメ　：　飴（食べるもの）　／　雨（空から降るもの）
　　　│
　　　└ ハシ　：　渡る橋／食べるときに使う箸
　　　　　　　　↓
　　　　アクセントを間違えても
　　　　④_____から聞き手は意味がわかることがある。

　例2： 柿（オレンジ色の秋の果物）　／　カキ：牡蠣（海の貝）
　　　　　　　　↓
　　　どちらも食べ物なので、アクセントを間違えると、
　　　聞き手に⑤_____ことがある。

● アクセントは、まずは、平仮名や片仮名で書けば同じでも、
　アクセントが違うことばから覚えよう。

問題D　今聞いた話の要約を書きます。

(1) 要約に書くべきポイントをいくつかあげなさい。まず自分で考えて答えを書いてから、グループで話し合いましょう。それから、下の答えを見て確認してください。

[　　　　　　　　　　　　　　　　　　　　　　　　　　　　　　　　　　]

(2) (1)の答えを見ながら、150字から200字で要約を書きなさい。

（原稿用紙）

＊話し合い
・あなたの国のことばはどんなアクセントですか。
・日本語のアクセントのことで、困った経験はありますか。

＊最後に、スクリプトを見ながらもう一度聞きましょう。

聞き取りのポイント　要約と例

　要約を書くとき、重要な部分（ポイント）がどこかを考えて、短くまとめます。整理ノートや構成表ではその練習をします。問題Dで要約を書くときに、具体的な例を書かないことが多いですが、この課では例を書いたほうがいいです。

キーワード：アクセント　高低　前後関係　聞き手
問題D（1）の答え：・日本語のアクセント　・アクセントによる意味の違いの例　・アクセントを間違えても意味がわかる例　・アクセントを間違えると誤解される例　・アクセントはどんなことばから覚えたらいいか

第12課

からくり人形

▶ CD……トラックNO.25, 26
▶ スライド……https://www.3anet.co.jp/np/resrcs/407600/　または83ページ

聞く前に
- 上の絵の人形は何をすると思いますか。
- いつごろ作られたと思いますか。

＊この問題は、スライドを見ながら聞く問題です。メモをとりながら聞きましょう。

問題A　話を2回聞いて、内容と合っているものに○、合っていないものに×を書きなさい。

1 (　　)　2 (　　)　3 (　　)　4 (　　)
5 (　　)　6 (　　)

＊答え合わせをしましょう。
＊意味がわからなかったことばを確認しましょう。

問題B もう一度話を聞いて、下の質問に答えなさい。

(1) からくり人形とは、何のことですか。
[　　　　　　　　　　　　　　　　　　　　　　　　　　　　　　　　]

(2) 茶運び人形とはどのようなもので、何ができますか。
　　家にお客が来たときに、①_____人形
　　②_____と、人形が動き出す。
　　　　↓
　　③_____まで運ぶ。
　　　　↓
　　④_____と、人形はそこで止まる。
　　　　↓
　　お客がお茶を飲み終わって、⑤_____と、また、動き出して、
　　⑥_____に戻る。

(3) からくり人形は、どのように生まれましたか。
[　　　　　　　　　　　　　　　　　　　　　　　　　　　　　　　　]

(4) からくり人形の技術は、明治以降、どのように役に立ったと言われていますか。
[　　　　　　　　　　　　　　　　　　　　　　　　　　　　　　　　]

＊答え合わせをしましょう。わからなかったところを確認しましょう。

難しいことば：(お)盆　すーっと　ぴたりと　くるりと　検索する

問題 C 下の＿＿に適切なことばを入れて、内容をまとめた整理ノートを完成しなさい。スライドを見ないでください。

●金沢で見たもの

- ①＿＿＿＿＿＿：からくり記念館
- 見たもの： からくり人形…江戸時代に人気があった、機械で動く人形

●茶運び人形の②＿＿＿＿＿＿＿＿＿

お盆にお茶を載せると、動き出す
↓
お客のところまで運ぶ
↓
お客が茶碗を取ると、そこで止まる
↓
お客が飲み終わった茶碗をお盆の上に置くと、動き出し、戻る

●からくり人形の③＿＿＿＿＿＿＿の発展

- ヨーロッパから入ってきた時計などの技術をもとにして、江戸時代に発展
  ↓
- 明治時代以降、日本がカメラや船、自転車などの工業製品を作るとき、役に立った。
  東芝を作った人も、からくり④＿＿＿＿＿＿だった。

＊答え合わせをしましょう。答えは一つではありません。どの答えがいいか、話し合いましょう。

問題 D　今聞いた話の要約を150字から200字で書きなさい。

＊話し合い
　日本でも日本以外でも、からくり人形のような機械で動く人形を見たことがあれば、説明してください。
＊最後に、スクリプトを見ながらもう一度聞きましょう。

聞き取りのポイント　話しかける「おわりに」

　42ページ（7課）で、「おわりに」では、全体をまとめることがあると書きました。しかし、この「からくり人形」では、最後に「〜てみてください」と言って、聞いている人に何かを勧めています。このように関係のある話を聞いている人に話しかける形で終わることもあります。全体のまとめではなく、話が終わるサインですから、あまり重要ではありません。

キーワード：からくり人形　機械　茶運び人形　技術　工業製品

第13課

四つ葉のクローバー

▶ CD……トラックNO.27, 28

聞く前に
- 上の草は何という名前か知っていますか。
- この草に何か特別な意味がありますか。

*メモをとりながら聞きましょう。

問題A　話を2回聞いて、内容と合っているものに○、合っていないものに×を書きなさい。

1 (　　)　　2 (　　)　　3 (　　)　　4 (　　)
5 (　　)　　6 (　　)　　7 (　　)

*答え合わせをしましょう。
*意味がわからなかったことばを確認しましょう。

問題B もう一度話を聞いて、下の質問に答えなさい。

(1) 秋田県のタクシーの運転手さんは、どんなことで話題になっていますか。

[　　　　　　　　　　　　　　　　　　　　　　　　　　　　　　]

(2) 運転手さんが(1)を始めたきっかけは何ですか。

　　タクシー乗り場の隅で、①_____。
　　　↓
　　数日後、②_____が乗ってきた。
　　　↓
　　四つ葉のクローバーを③_____。

(3) その後、運転手さんはそのクローバーをどのようにして手に入れていますか。

[　　　　　　　　　　　　　　　　　　　　　　　　　　　　　　]

(4) 運転手さんはどのようなお客さんにクローバーを渡していますか。

[　　　　　　　　　　　　　　　　　　　　　　　　　　　　　　]

＊答え合わせをしましょう。わからなかったところを確認しましょう。

難しいことば：秋田県　話題　手帳　挟む　表情

問題C　下の_____に適切なことばを入れて、内容をまとめた整理ノートを完成しなさい。

● この話の①_____

　　四つ葉のクローバーを配っているタクシー運転手

● 四つ葉のクローバーを配るようになった②_____とその後

　　見つけた四つ葉のクローバーを、暗い表情の女性のお客に渡したら、感謝された。
　　　　↓
　　喜んでもらえたのがうれしくて、たくさんの人に配りたいと思うようになった。
　　　　↓
　　野原などで四つ葉のクローバーを探し、配るようになった。
　　　　↓
　　なかなか見つからないこともあるので、自分でも育てて増やした。
　　　　↓
　　これまでの4年間で1万本以上配った。

● 運転手が四つ葉のクローバーをあげる③_____

　　偶然乗った人にだけあげる。
　　クローバーが欲しいから自分を呼ぶお客は断っている。

＊答え合わせをしましょう。答えは一つではありません。どの答えがいいか、話し合いましょう。

問題 D　今聞いた話の要約を150字から200字で書きなさい。

[200字詰め原稿用紙]

＊話し合い
　このタクシーの運転手さんは、クローバーをもらうために自分を呼ぶお客さんをどうして断っていると思いますか。

＊最後に、スクリプトを見ながらもう一度聞きましょう。

聞き取りのポイント　話をまとめることば

　何かが始まった理由を「きっかけ」と言います。「四つ葉のクローバー」では、「若い女性に四つ葉のクローバーを渡したらとても喜ばれたこと」が「クローバーを配るようになったこと」の「きっかけ」です。「きっかけ」ということばはこの話の中には出てきませんが、話をまとめるときに便利なことばです。話を短くまとめるためのことばを覚えていきましょう。

キーワード：四つ葉のクローバー　配る　タクシー運転手　幸せ

第14課
長寿の理由

▶ CD……トラックNO.29, 30

聞く前に

● 次の動物は何歳ぐらいまで生きると思いますか。〈 犬　猫　象 〉
● あなたの国では、平均寿命は何歳ぐらいですか。

*メモをとりながら聞きましょう。

問題A　話を2回聞いて、内容と合っているものに○、合っていないものに×を書きなさい。

1 (　　)　2 (　　)　3 (　　)　4 (　　)
5 (　　)　6 (　　)　7 (　　)

*答え合わせをしましょう。
*意味がわからなかったことばを確認しましょう。

問題 B もう一度話を聞いて、下の質問に答えなさい。

(1) 動物にとって最も大事なことは何ですか。

[　　　　　　　　　　　　　　　　　　　　　　　　　　　　]

(2) 普通、動物は子供が作れなくなったら死にますが、その理由は何ですか。

[　　　　　　　　　　　　　　　　　　　　　　　　　　　　]

(3) 津波が来たとき、1頭も象が死ななかったグループがあったのはなぜですか。

[　　　　　　　　　　　　　　　　　　　　　　　　　　　　]

(4) 人間や一部の動物が「長く生きる」のは、何のためですか。

[　　　　　　　　　　　　　　　　　　　　　　　　　　　　]

＊答え合わせをしましょう。わからなかったところを確認しましょう。

難しいことば：残す　生殖期間　津波　世代

問題C 下の＿＿に適切なことばを入れて、内容をまとめた整理ノートを完成しなさい。

●動物にとって最も大事なこと
　子供を残すこと

●普通の動物
　生殖期間が終わると、死ぬ。
　①＿＿＿＿＿＿：子供を作るという役割が終わったから。
　　　　　　　　若い仲間の食べ物を取ってしまうから。

●人間などの長く生きる動物
　生殖期間が終わっても、生き続ける。
　例：人間、一部の象、クジラ、猿

●問題提起
　②＿＿＿＿＿＿＿＿＿＿は何か。

●③＿＿＿＿＿＿＿＿
　ある象の話：津波が来たときに、ある年取った象が昔の津波のことを
　　　↓　　　覚えていて、仲間を高いところに連れていった。
　　　　　　　そのグループの象は1頭も死ななかった。
　昔からの知恵を若い世代に伝えること。

＊答え合わせをしましょう。答えは一つではありません。どの答えがいいか、話し合いましょう。

問題 D 今聞いた話の要約を150字から200字で書きなさい。

＊話し合い
　あなたは、おじいさんやおばあさんから何か教えてもらったことがありますか。
＊最後に、スクリプトを見ながらもう一度聞きましょう。

聞き取りのポイント　質問があったら

　話の中に質問が出てくることがあります。例えば、この課の話の中には、「では、なぜ人間や象は長く生きるのでしょうか。」という質問があります。聞いている人に質問しているのではありません。この話の一番大切なテーマを質問の形で示しているのです。これを「問題提起」と言います。問題提起があったら、その答えとなる部分を探しながら、続きを聞きましょう。

キーワード：子供を作る　長生き　知恵　伝える

第15課

長崎の猫

▶ CD……トラックNO.31, 32

聞く前に
- 上の絵はいつの時代のどこでしょうか。
- 右の猫の絵に、尻尾をつけ加えてください。

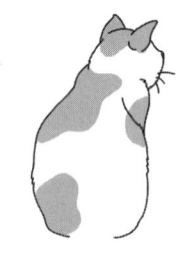

＊メモをとりながら聞きましょう。

問題A 話を2回聞いて、内容と合っているものに○、合っていないものに×を書きなさい。

1 (　　)　　2 (　　)　　3 (　　)　　4 (　　)
5 (　　)

＊答え合わせをしましょう。
＊意味がわからなかったことばを確認しましょう。

問題 B もう一度話を聞いて、下の質問に答えなさい。

（1）長崎についてインターネットで調べていてわかったことは何ですか。

［　　　　　　　　　　　　　　　　　　　　　　　　　　　　　　　　　　　　　　　］

（2）「おまがりねこ」とはどのようなものですか。漢字で書いて説明しなさい。

［　　　　　　　　　　　　　　　　　　　　　　　　　　　　　　　　　　　　　　　］

（3）「おまがりねこ」はなぜ長崎に多いのですか。
　　　江戸時代に長崎に来た①＿＿＿＿＿の船には、②＿＿＿＿＿＿＿＿＿＿＿ために③＿＿＿＿＿＿＿＿＿＿の「おまがりねこ」が乗せられていた。その猫が長崎で増えたから。

＊答え合わせをしましょう。わからなかったところを確認しましょう。

難しいことば：記事　東南アジア　オランダ　鎖国　交流　住みつく　土地

問題C 下の_____に適切なことばを入れて、内容をまとめた表を完成しなさい。

はじめに	長崎の尾曲がり猫について	長崎は日本で一番尾曲がり猫が多い
本題	尾曲がり猫の ①_____	尻尾が曲がっている猫(尻尾が途中で切れたように見える猫も)
	日本の猫の ②_____	昔:尻尾が長くてまっすぐな猫しかいなかった 江戸時代:オランダの船に乗って尾曲がり猫が長崎に来た
	尾曲がり猫は ③_____日本に来たか=経緯	・鎖国をしていた江戸時代に、長崎だけは貿易が許されていた ・相手はオランダと中国 ・オランダの船は東南アジアで貿易をしてから日本へ来た ・そのときに尾曲がり猫を乗せて日本に来た 　④_____:船の食べ物がネズミに食べられないよう猫を乗せたから
おわりに		猫に長崎の歴史を教えられた

＊答え合わせをしましょう。答えは一つではありません。どの答えがいいか、話し合いましょう。

問題 D　今聞いた話の要約を150字から200字で書きなさい。

（原稿用紙：200字）

*話し合い
　あなたの国で、尾曲がり猫のようにほかの国から連れてこられた動物について知っていたら、話してください。
*最後にスクリプトを見ながらもう一度聞きましょう。

聞き取りのポイント　名詞の前の説明

　日本語では、名詞を説明する部分がその前に来ます。この課の話でも、「長崎の猫」、「尾曲がり猫」「尻尾が曲がっている猫」「尻尾が途中で切れたように見える猫」「尻尾が長くてまっすぐな猫」というように、「猫」という名詞を説明する部分は、「猫」の前に来ています。説明の部分が長いですが、集中して聞きましょう。

キーワード：猫　尾　曲がる　船　貿易　ネズミ

スライド

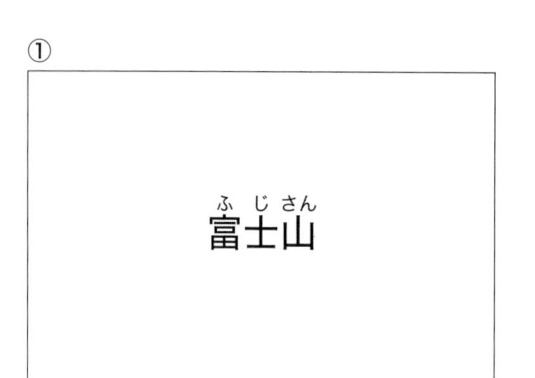

第1課 富士山

① 富士山

② 富士山の特徴
高さ：3776メートル

③ 富士山の歴史
- 何度も噴火
- 最近は江戸時代

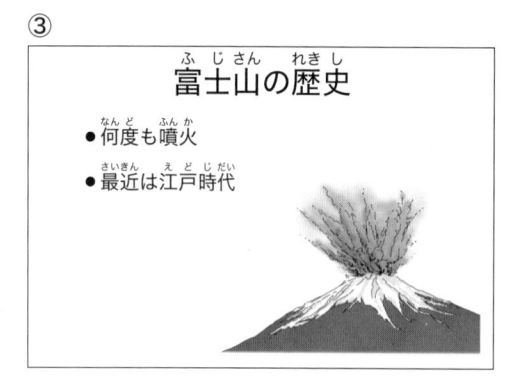

④ 富士山と芸術作品

葛飾北斎《富嶽三十六景 凱風快晴》
島根県立美術館蔵

⑤ 富士山の登山

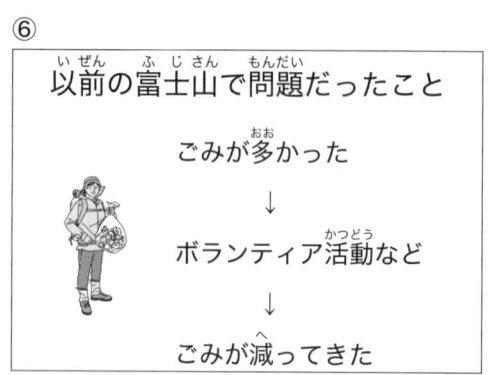

⑥ 以前の富士山で問題だったこと

ごみが多かった
↓
ボランティア活動など
↓
ごみが減ってきた

スライド

第6課
東京の温泉

① 東京の温泉

② 温泉の定義
- 法律（温泉法）
  地面の下から出る
  25度以上の水　　　　　　　｝どちらか
  塩分やイオウなどが入っている水
  ＊東京にある温泉の数　100以上

③ 関東平野

④ 何十万年も前の関東平野
　　昔の海
　　昔の陸

⑤ 泥がたまって

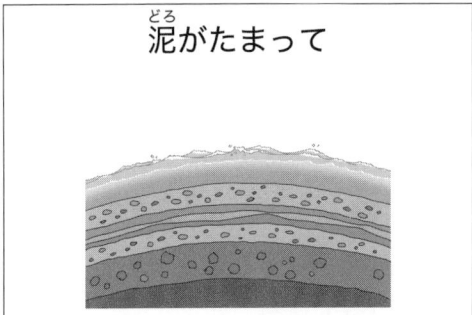

⑥ 陸になった

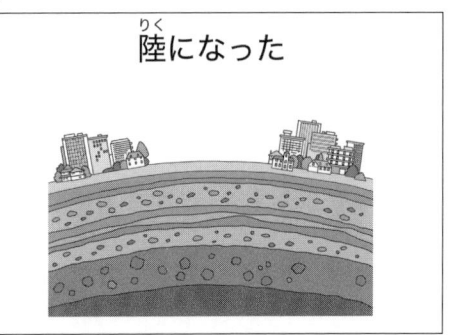

77

スライド

⑦
地面を掘ると温泉が出る
（じめん　ほ　おんせん　で）

スライド

第 8 課
札幌のお祭り

①
札幌のお祭り

②
札幌（北海道地図）

③
大通公園

④
さっぽろ雪まつり

⑤

⑥

スライド

⑦

⑧

⑨

⑩ YOSAKOIソーラン祭り

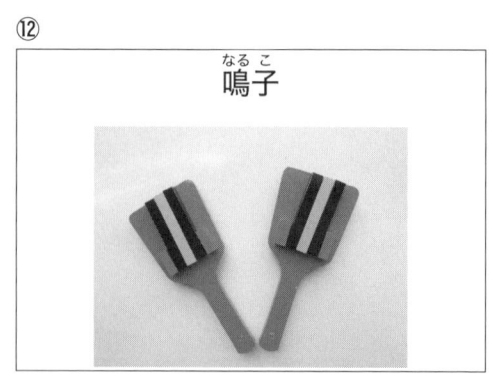

⑪ 四国　高知県
札幌　北海道
四国
高知

⑫ 鳴子

80

⑬

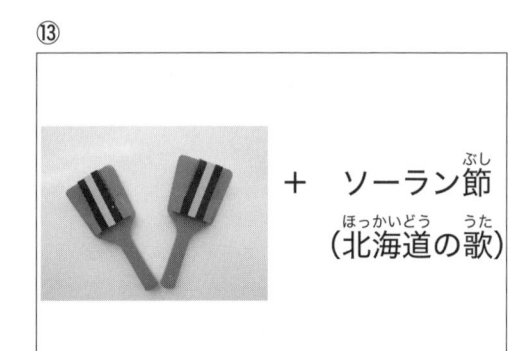

＋　ソーラン節
（北海道の歌）

⑭

⑮

⑯
札幌

スライド

第9課
津軽三味線

① 津軽三味線

② 津軽三味線の始まり
- 青森県 津軽地方
- 鹿児島県
- 沖縄県

③ 使われ方の変化

④ 演奏方法
普通の三味線：はじく
　　　　　　　決められたとおりに弾く
津軽三味線：はじく、たたく　など
　　　　　　即興演奏も行われる

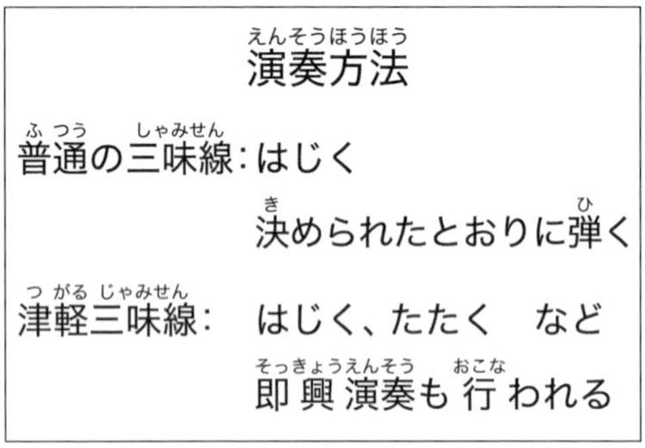

⑤ 最近の傾向
西洋楽器との組み合わせ
力強い音、
独特な演奏方法
↓
ますます人気上昇

第12課 からくり人形

① からくり人形

② 金沢
- 石川県にある古い町
  すし、和菓子、有名な庭、からくり記念館

③ からくり人形とは
- 江戸時代　機械で動く人形
  からくり：機械
  という意味

④ 茶運び人形
- お客が来たとき、お茶を運ばせる

⑤ からくり人形の技術
- ヨーロッパから入ってきた時計などの技術がもと
  ↓
- 江戸時代に発展
  ↓
- 明治以降　工業製品を作るのに役立つ

東芝を作った人もからくり発明家だった

⑥ インターネットで検索しよう
- キーワード：茶運び人形

茶運び人形　検索

学習者向け　聴解Can-do

	中級	中上級	上級
話しことば	「～しちゃった」など話しことばによく出てくる表現に慣れる	話すときによく出てくる「えー」「あー」などがどんな働きをしているか、わかる	省略されたことばが何かがわかる
未知語	知らないことばがあっても気にしないで聞くことができる	知らないことばがあっても類推し、辞書で確かめることができる	知らないことばがあっても前後からどんなことを言っているかを考えることができる
全体の概要	話のテーマがわかる	話している人の言いたいことがわかる	はっきり言われていない主張や意見がわかる
文の構造	定義、理由、結論などの文がわかる	名詞の前に長い説明があっても長い文が理解できる 長い、複雑な文であっても、前半と後半の関係がわかる	
文の表現意図	説明なのか意見なのかが聞いてわかる	「だと思います」や「であると言えます」など、文の最後の表現から話している人が言いたいことがわかる	文末表現や副詞などを聞いて、話し手の意見、評価を予想できる
段落の機能と相互の関係	例、問題提起などの段落の働きがわかる	先生の説明があれば「因果関係」、「問題提起と解決」など、段落の関係がわかる	段落相互の関係がわかり、論理の展開が理解できる
談話の構成1	「まず」「次に」「そして」などの接続詞を聞いて、次にどんなことが話されるかに注意できる	先生の説明があれば「したがって」や「このように」などの表現を聞いて、文章全体の構成や論理の展開が理解できる	先生の説明がなくても、談話の構成や論理の展開がわかる
談話の構成2	聞いた話に「はじめに、本題、おわりに」の部分があることがわかる	先生の説明があれば段落ごとの言いたいことや構成を理解できる	
談話の構成3	本題をいくつかに分けて、それぞれを「歴史」、「原因」などのことばでまとめることができる	段落ごとに「経緯」、「現状」などのことばででまとめることができる	段落ごとのまとめをもとに、文章の構成や論理の展開を理解することができる
視覚情報	聞くときに図、表やスライドなどを見て参考にすることができる	スライドなどの資料を速読し、聞くときの参考にすることができる	数ページある資料でも速読して、理解の補助とすることができる
ノート	日本語や母語で簡単なメモをとることができる	日本語を中心に簡単なノートをとることができる	くわしいノートを日本語でとることができる

教師向け　聴解Can-do

	中級	中上級	上級
話しことば	縮約形など話しことば特有の事象に慣れる	フィラーの働きを理解できる	省略された語句、内容が復元できる
未知語	未知語があっても気にしないで聞き流すことができる	未知語があっても類推し、辞書で調べることができる	未知語があっても前後から類推できる
全体の概要	話のテーマがわかる	話者の主張や意図がわかる	明示されない主張や含意がわかる
文の構造	定義、理由、結論などの文であることがわかる	長い連体修飾があっても文単位の理解ができる 長い複文であっても、前件と後件の関係がつかめる	
文の表現意図	説明なのか意見なのかが聞き分けられる	文末表現から評価や主張などを聞き取れる	文末表現や副詞などを手がかりに、話し手の意見、評価を予想できる
段落の機能と相互の関係	例、問題提起などの段落の機能がわかる	教師の助けがあれば「因果関係」、「問題提起と解決」などの段落相互の関係がわかる	段落相互の関係がわかり、論理展開が理解できる
談話の構成1	接続表現などが談話の展開を予測することを意識する	教師の助けがあれば談話展開の指標となるメタ言語を手がかりに、談話の構成や論理の展開を理解することができる	談話の構成や論理の展開が自力でわかる
談話の構成2	「はじめに、本題、おわりに」の段落の構成を意識して聞くことができる	段落ごとの機能、構成を教師の助けにより理解できる	
談話の構成3	聞いた談話を段落ごとに短い抽象的なことば（基本的な上位概念の語、例えば、「歴史」、「原因」など）でまとめることができる	段落ごとに抽象的な上位概念のことば（例えば、「経緯」、「現状」など）でまとめることができる	段落ごとのまとめをもとに、談話の構成や論理の展開を理解することができる
視覚情報	簡単な図表やハンドアウト等の資料を見て、理解の補助とすることができる	手元の資料やスライドの資料を速読し、理解の補助とすることができる	分量のある資料を速読し、理解の補助とすることができる
ノート	日本語あるいは母語で流れや因果関係などを記したメモをとることができる	主に日本語で、流れや因果関係などを記したメモ、文章構造を意識したノートをとることができる	やや長い談話でも、内容を再現できるようなノートを日本語でとることができる

編著者
東京外国語大学留学生日本語教育センター

執筆者紹介
坂本　惠　　東京外国語大学　名誉教授
　　　　　　著書に『日本語教師が知りたい敬語と待遇コミュニケーション』『聞いて慣れよう日本語の敬語－場面で学ぶ日本語のコミュニケーション』『日本をたどりなおす29の方法－国際日本研究入門－』『敬語表現』など
大木理恵　　東京外国語大学・帝京大学　非常勤講師、明治大学　兼任講師
　　　　　　著書に『日本語Eメールの書き方』『自然に使える文末表現』『日本語パワーアップ総合問題集Level-C』など
田代ひとみ　明治大学　兼任講師、相模女子大学　非常勤講師
　　　　　　著書に『日本語誤用辞典』『新完全マスター読解日本語能力試験Ｎ１』『新完全マスター読解日本語能力試験Ｎ２』『新完全マスター読解日本語能力試験Ｎ３』など
中村則子　　著書に『新完全マスター読解日本語能力試験Ｎ１』『新完全マスター読解日本語能力試験Ｎ２』『初級文型でできるにほんご発音アクティビティ』など

イラスト
内山洋見

CD吹き込み
北大輔
由口貴絵

装丁・本文デザイン
Boogie Design

留学生のためのアカデミック・ジャパニーズ　聴解　中級

2013年2月15日　初版第1刷発行
2024年11月27日　第9刷　発行

編著者　　東京外国語大学 留学生日本語教育センター
発行者　　藤嵜政子
発　行　　株式会社スリーエーネットワーク
　　　　　〒102-0083　東京都千代田区麹町3丁目4番
　　　　　　　　　　　トラスティ麹町ビル2F
　　　　　電話　営業　03(5275)2722
　　　　　　　　編集　03(5275)2725
　　　　　https://www.3anet.co.jp/
印　刷　　萩原印刷株式会社

ISBN978-4-88319-641-8 C0081
落丁・乱丁本はお取替えいたします。
本書の全部または一部を無断で複写複製（コピー）することは著作権法上での例外を除き、禁じられています。

スリーエーネットワークの中上級日本語教材

留学生のための
アカデミック・ジャパニーズ
東京外国語大学留学生日本語教育センター ● 編著

聴解中級 B5判　85頁+別冊32頁（スクリプト・解答）CD 1枚付
2,000円+税　（ISBN978-4-88319-641-8）

聴解中上級 B5判　87頁+別冊35頁（スクリプト・解答）CD 1枚付
2,000円+税　（ISBN978-4-88319-687-6）

聴解上級 B5判　85頁+別冊59頁（スクリプト・解答）CD 2枚付
2,000円+税　（ISBN978-4-88319-716-3）

動画で学ぶ大学の講義
B5判　113頁+別冊68頁（スクリプト・解答例）
2,000円+税　（ISBN978-4-88319-789-7）

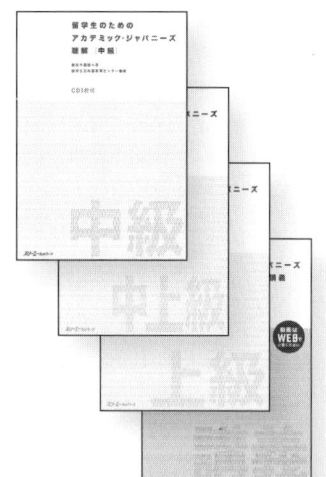

アカデミック・ライティングのための
パラフレーズ演習
鎌田美千子・仁科浩美 ● 著

B5判　74頁+別冊解答15頁（解答例）　1,400円+税　（ISBN978-4-88319-681-4）

留学生のための
ジャーナリズムの日本語
－新聞・雑誌で学ぶ重要語彙と表現－
一橋大学国際教育交流センター ● 編　　澁川晶・髙橋紗弥子・庵功雄 ● 著

B5判　130頁+別冊7頁（解答）　2,000円+税　（ISBN978-4-88319-715-6）

アカデミック・スキルを身につける
聴解・発表ワークブック
犬飼康弘 ● 著

B5判　141頁+別冊（表現・スクリプト）54頁
CD 1枚付　2,500円+税　（ISBN978-4-88319-426-1）

スリーエーネットワーク

ウェブサイトで新刊や日本語セミナーをご案内しております。
https://www.3anet.co.jp/

留学生のための
アカデミック・ジャパニーズ　中級
聴解

東京外国語大学
留学生日本語教育センター編著

各課のスクリプト、解答例

第1課

富士山

スクリプト ▶トラックNO.1

❶ (えー) 富士山は日本で一番高い山で、❷ 高さは (えー) 3776メートルあります。近くに高い山がないので、遠い東京からも (おー) そのきれいな形を見ることができます。

❸ (えー) また、知らない人もいるかもしれませんが、富士山は火山なんです。(えー) 何度も噴火したという記録が残っています。富士山が爆発して、家が焼けたり、(そのー) たくさんの人が死んだりしました。(えー) 一番最近では300年ぐらい前の江戸時代に噴火しています。その後は噴火していませんが、(あー) また噴火するかもしれないと言われています。噴火したらこんな風になるだろうと考えられています。

❹ (えー) 富士山は、昔から芸術作品の中にもよく出てきます。「万葉集」(ま、) これは日本の古い歌を集めた本で、1300年ぐらい前にできたといわれていますが、(えー) その中にも富士山を歌った歌がたくさんあります。また、富士山を描いた絵も多く、その中で (えー) 富士山のいろいろな姿を描いた (あー) 江戸時代の絵は、とても有名です。こちらです。海外でもよく知られています。

❺ それから (あー) 富士山は、見て楽しむだけではありません。富士山に登る人も大勢います。車やバスで途中まで行けますから、子供やお年寄りでも登ることができます。特に夏にはたくさんの人が富士山に行きます。(えー) また、夜登って、朝、山の上で太陽が出てくるのを見る人もいます。

❻ しかし (えー) 残念なこともありました。10年ぐらい前に、富士山にごみが多いことが問題になりました。それは (えー) 登山をした人が捨てていったものなんですが、ボランティアの人たちがごみを拾ったり、いろいろな活動をした結果、登山する人も気をつけるようになりました。今、ごみはだいぶ少なくなっています。皆さんも一度富士山に登ってみてください。でも、ごみは持って帰ってくださいね。

問題A
▶トラックNO.2

×1. 富士山の周りには高い山がたくさんあります。
○2. 富士山はこれまでに何回も噴火しました。
○3. 昔の歌の中に富士山が出てきます。
×4. 富士山に夜登るのは危険なので、登ってはいけないことになっています。
○5. 富士山の上で朝の太陽を見る人もいます。

×6. 富士山には今ごみがたくさん捨てられています。

問題B (1) 日本で一番高いです（高さは3776メートル）。
　　　　近くに高い山がないので、東京からも見えます。
　　　　形がきれいです。
　　　　火山です。
(2) 江戸時代（300年ぐらい前）です。
(3) 1300年ぐらい前です。
(4) 朝、山の上で、太陽が出てくるのを見るためです。
(5) ごみが多かったことです。

問題C ①特徴　②歴史　③芸術作品　④描いた絵　⑤登山
　　　　⑥車やバスで途中まで行ける　⑦問題（点）　⑧ごみが多かった

問題D ①日本で　②で　③噴火したことがあって　④かもしれない
　　　　⑤芸術作品　⑥出てくる　⑦だけでなく　⑧ごみを捨てる

第2課

信号の話

スクリプト ▶ トラックNO.3

　(えー)世界中どこの国でも、信号が赤になったら、止まらなければなりませんね。では、信号が何色になったら進みますか。(えー)日本では、信号が青になったら進みます。「え？青ですか。あの色は緑ではありませんか。」と思った人が多いと思います。

　実は日本では、(えー)信号の「緑」のことを「青」と呼ぶんです。どうしてでしょうか。

　信号で使われる色は、国際的に決められていて、(えー)「赤」と「黄色」と「緑」です。1930年、日本で初めて信号が使われたときは、「緑信号」と呼ばれていました。しかし、時と共に、「青信号」という呼び方に変わってしまったのです。(えー)いろいろな理由が考えられますが、今日はそのうちの二つを紹介します。

　まず、一つ目の理由なんですが、(えーと)日本では、小学校のときに、色の三原色を習います。(えー)色の三原色というのは、いろいろな色のもとになる三つの色のことで、「赤」「黄色」「青」です。小学校で習った「赤」「黄色」「青」の組み合わせがわかりやすかったからだという理由です。

　(えー)もう一つは、緑と青の呼び方の区別がもともと日本にはなく、緑と青の両方を「青」と言っていたからだというものです。緑色のものを「青」と呼ぶのは、ほかにも、「青りんご」「青葉」などがあります。(えー)「青りんご」は緑のりんごのことです。「青葉」は、青い葉っぱのことではなくて、(えー)春に出てくる新しい緑の葉っぱのことです。

　信号もりんごも葉っぱも同じ緑色なのに、「緑」と言ったり「青」と言ったり、おもしろいですね。(えー)フランスでは、信号の色は「赤・オレンジ・緑」の三つだそうです。さて、皆さんの国では、信号の色は何色ですか。いろいろな国の信号の色の呼び方を調べてみましょう。

問題A
▶ トラックNO.4

×1. 日本では今、信号の三つの色を、「赤・黄色・緑」と呼んでいます。
×2. 色の三原色は、「赤・黄色・緑」です。
○3. 日本では、緑色のことを、「青」と呼ぶことがあります。
×4. 青りんごは、青いりんごのことです。

○5. 信号の呼び方が「赤・黄色・緑」ではない国は、日本以外にもあります。

問題B
(1)「赤・黄色・緑」です。
(2) 1930年→　赤・黄色・緑
　　　今→　赤・黄色・青
(3) 理由1:色の三原色の赤、黄色、青がわかりやすかったからです。
　　理由2:昔の日本では、緑と青の呼び方の区別がなくて、緑も青も青と呼んでいたからです。
(4) 赤・オレンジ・緑と呼びます。

問題C
① 呼び方　② 変化　③（緑色の信号を青信号と呼ぶ）理由　④ 例　⑤ 国

問題D
① 緑色の信号を「青信号」　②「赤・黄色・青」　③ わかりやすかった
④ 緑と青の呼び方の区別　⑤ 緑色を青と呼ぶことがあるからだという
⑥ 色の呼び方

第3課

隠れキリシタン

スクリプト ▶トラックNO.5

　経済学部1年のマイケルです。(えー)今日は九州の長崎という町で見た不思議なものについて、皆さんにお話しします。
　(えー)それを見たのは、キリスト教の博物館の中です。ガラスケースの中に、江戸時代に作られた小さな仏像が置いてありました。私は最初、その仏像を見たとき、不思議に思いました。キリスト教の博物館なのに、どうして仏像があるのだろうと思ったからです。そして、博物館の人の説明を聞いて、驚きました。(えー)それは仏像ではなくて、キリスト教の像だったのです。裏側に回ってみると、そこにはキリスト教のシンボルである十字架がついていました。
　(えー)江戸時代に、日本では、キリスト教が禁止されていました。キリスト教を信じていることがわかると、殺されることもありました。(えー)それで、キリスト教の人々は、このような仏像に向かって祈っていましたが、心の中では、キリスト教の神に祈っていたそうです。このような人々のことを隠れキリシタンと言うそうです。隠れキリシタン、つまり隠れてキリスト教を信じる人ということです。
　(えー)私はこの不思議なものを見て、日本の歴史について、もっと知りたいと思うようになりました。
　以上で、私の発表を終わります。(えー)何かご質問、ありますか。

問題A ▶トラックNO.6

× 1. この人は仏教の博物館でその不思議なものを見ました。
○ 2. その不思議なものは、前から見ると、仏像に見えました。
○ 3. 十字架というのは、キリスト教のシンボルです。
× 4. その不思議なものの裏側には、キリストの顔がついていました。
○ 5. 隠れキリシタンはその不思議なものに向かって祈っていました。
× 6. 隠れキリシタンは心の中で仏教を信じていました。

問題B

(1) 長崎のキリスト教の博物館で見ました。
(2) キリスト教の博物館に、仏像があったからです。
(3) 前から見ると仏像だけれども、裏側に十字架(キリスト教のシンボル)がついていることです。

（4）誰が：隠れキリシタン
　　どのようなときに：キリスト教の神に祈るとき
（5）キリスト教を信じていることを隠すために使いました。
　　江戸時代にはキリスト教が禁止されていたからです。

問題C ①場所　②キリスト教　③特徴　④シンボル　⑤江戸　⑥殺される
⑦仏像を見ながら

問題D ①キリスト教の博物館　②裏に十字架がついている　③禁止されていた
④殺される　⑤仏像　⑥キリスト教の神

第4課

水族館

スクリプト ▶トラックNO.7

　皆さんは、水族館が好きですか。日本の多くの水族館では、大きな水槽の中を、いろいろな魚がゆったりと泳いでいるのを見ることができます。(えー)ときには、体長2メートルもある人食いザメや1メートルを超えるマグロなどの大きい魚と、アジなどの小さい魚が一緒に泳いでいることもあります。その様子はまるで本当の海の中をのぞいているようです。

　しかし、本当の海と水族館には、大きな違いがあります。それは、もし本当の海だったら、大きい魚は小さい魚を食べてしまうはずなのに、(えー)水族館では、一つの水槽の中で大きい魚と小さい魚が一緒に泳いでいることです。なぜでしょうか。

　それは、水槽で飼われている魚が飢えていないからです。(えー)水族館では魚は餌を十分に与えられています。餌として与えられているのは生きている魚ではなく、死んだ魚です。だからあまりおいしくはないのですが、多少まずくても食べるものがあれば、(えー)わざわざエネルギーを使ってほかの魚を襲うことはしないのです。

　狩りをする、つまり、ほかの生き物を捕ることは、生き物にとって、とても危険なことです。ときには、けがをしたり、命を落とすこともあります。このように、大変なエネルギーを使ってまで狩りをするのは、本当に必要なとき、つまり食べなければ生きていけないときだけなのです。

(「ののちゃんのDO科学　水族館のサメ、襲わないの?」
2006年10月22日付け朝日新聞を参考)

問題A
▶トラックNO.8

× 1. 水族館にいる大きい魚は、一緒に泳いでいる小さい魚を食べます。
○ 2. 水族館の魚は十分に餌をもらえるので、自分で餌をとらなくてもいいです。
× 3. 水族館で与えられる餌は、生きた魚です。
× 4. 死んだ魚より生きている魚のほうがおいしいので、大きい魚はときどき小さい魚を食べます。
○ 5. 生き物は狩りをしているときに、けがをしたり死んだりすることがあります。
○ 6. 生き物が狩りをするのは、本当に必要なときだけです。

問題B (1) 本当の海では、大きい魚が小さい魚を食べますが、水族館では、大きい魚が小さい魚を食べないということです。
(2) 水族館にいる魚は飢えていないからです。
(3) ほかの生き物を捕ることです。
(4) けがをしたり、死んだりする危険があります。
(5) 食べなければ生きていけないとき(本当に必要なとき)に狩りをします。

問題C ① 違い　② 理由　③ 危険　④ エネルギー

問題D ① 大きい魚に食べられる　② 一緒に泳いでいる　③ 魚が飢えていない
④ とても危険でエネルギーを使うこと

第5課

ゴリラの食事

スクリプト ▶トラックNO.9

　(えー)皆さんは、ゴリラという動物を知っていますか。猿の一種で体は大きく、アフリカなどに住んでいます。

　ゴリラは、よく食べる動物です。(えー)一日のほとんどの時間、食べています。朝、起きると、近くの草や葉を採って食べます。サラダの朝御飯ですね。(えー)それから、ゆっくり歩いて、森の奥へ入っていきます。甘くておいしい果物を探しにいくのです。おいしそうな果物を見つけると、木に登り、それを採って、ちょっと食べてみます。(えー)そして、それが甘くておいしければ、その果物をどんどん食べます。しかし、あまり甘くなければ、すぐに食べるのをやめてしまいます。そしてまた、甘くておいしい果物を探すために森の中を歩き回ります。

　(えー)実はゴリラのこの食べ方は、植物にとって、大変役に立っています。ゴリラは、果物を食べて森の中を歩き回ります。それによって、植物の種を運ぶという仕事をしているのです。(えー)ゴリラに食べられた甘い果物の種は、おなかの中を通って、別の場所でふんとして土の上に落とされます。そこで成長し、また果物を作って、増えていくのです。しかし、まだ甘くない果物の種は、芽を出す準備ができていません。甘くなってからゴリラに食べてもらったほうがいいのです。

　(えー)ゴリラは植物から甘くておいしい食べ物をもらい、植物はゴリラに種を運んでもらってどんどん増えるというわけです。自然はうまくできていますね。

(山極寿一「子どものころの学びって？Ⅱ　ゴリラとぼくの子ども時代⑩一日の大半は食べるために」2008年3月8日付け朝日小学生新聞)

問題A
▶トラックNO.10

○1. ゴリラは、一日のうち、食べている時間が一番長いです。
○2. 朝、ゴリラは草や葉を食べます。
×3. ゴリラは、甘くない果物もたくさん食べます。
×4. ゴリラが果物を食べることは、植物にとって良くないことです。
○5. 果物が甘いということは、その果物の種は、もう芽を出す準備ができているということです。

問題B

(1)草や葉を食べます。

（2）甘くておいしい果物を探しに森の奥へ入っていきます。
（3）どんどん食べます。
（4）すぐに食べるのをやめて、ほかの果物を探しにいきます。
（5）種が別の場所に運ばれて、その植物が増えます。
（6）ゴリラは甘くておいしい果物を植物からもらい、植物はゴリラに種を運んでもらいます。つまり、ゴリラと植物がお互いに役に立っているという意味です。

問題C ①朝　②植物の種を運ぶ　③関係　④ゴリラ　⑤植物

問題D ①動物　②甘くておいしい果物を見つける　③土の上に落とされる　④増える　⑤植物の種を運んでいる　⑥役に立っている

第6課

東京の温泉

スクリプト ▶トラックNO.11

❶皆さん、温泉は好きですか。温泉というと、都会から離れた山の中や海の近くにある、と思う人が多いと思います。❷(えー)温泉は、法律で、地面の下から出てくる25度以上の水、あるいは、塩分、つまり塩ですが、その塩分やイオウなどが入っている水のことだと決められています。お風呂のお湯としては温度が低くても、塩分やイオウなどが入っていれば、温泉と呼ばれるんです。そして、そのような水を温めれば、気持ちがいい温泉になります。実は、大都会の東京にもたくさん温泉があります。今、(えー)100以上の温泉があると言われています。

なぜ東京にこんなに温泉があるのか、ご説明しましょう。❸(えー)東京は関東平野という、山のない広い土地にありますが、❹この関東平野のある場所は何十万年も前は陸ではなくて、海でした。❺その海に長い時間をかけて少しずつ泥などがたまっていって、❻陸になりました。だから、関東平野のずっと下の土の中にはそのころからの海の水がまだ残っているんです。❼その海の水が地球の熱で温められて、温泉として出てくるんです。(えー)東京で1000メートル以上掘れば、だいたいどこからでも温泉が出ると言われています。

ですから、東京に住んでいる人は、遠くまで行かなくても温泉が楽しめます。皆さんもぜひ東京の温泉を楽しんでみてください。

(「週刊こどもニュース」2007年7月21日放送を参考)

問題A ▶トラックNO.12
- ×1. 温泉は山の中や海のそばにしかありません。
- ×2. 地面を掘って出てくる水は全部温泉です。
- ○3. 東京にもたくさん温泉があります。
- ×4. 今の東京があるところは、何十万年も前から陸でした。
- ○5. 東京で1000メートル以上掘れば、だいたいどこからでも温泉が出ます。

問題B
(1) 温泉とは、地面の下から出てくる25度以上の水、あるいは、塩分やイオウなどが入っている水のことです。
(2) 100以上あります。
(3) ①海でした。

②海に泥などがたまっていって、陸になりました。
③何十万年も前の海の水があります。

問題C ① 定義　② 理由　③ 地球の熱で温められる
④ 1000メートル以上掘れ

問題D 解答例
温泉とは地面の下から出てくる25度以上の水、または、塩分やイオウなどが入っている水のことである。東京にもたくさん温泉がある。その理由は、何十万年も前、関東平野のある場所は海だったからだ。今でも関東平野の下には海の水が残っていて、その水が地球の熱で温められて、温泉になる。だから、東京でも1000メートル以上地面を掘ると温泉が出てくると言われているのである。

第7課

失敗学

スクリプト ▶トラックNO.13

　大学の教授である畑村先生は、『失敗学のすすめ』という本を書きました。それまでは、失敗学などという学問は存在しませんでした。（えー）では、なぜ畑村先生は、このようなタイトルの本を書くことになったのでしょうか。

　先生は大学の工学部で機械の設計を教えていました。しかし授業中、学生たちは、寝ていたり、ぼーっとしたり、おしゃべりをしたりして、先生の話を聞かないので、先生は困っていました。ところがですね、ある日、先生が「こんなときにこんな失敗をしてしまった」という話をしたところ、今まで寝ていた学生も、ぼーっとしていた学生も、おしゃべりしていた学生も、突然目を輝かせて話を聞いてくれたのです。先生はびっくりしました。と同時に、こんなことに気がつきました。学生は、「こうすればうまくいく」という話より、「うまくいくと思ってやったのに、失敗してしまった」という話を聞きたがっているんだ！　と。そこで先生は、早速同僚や卒業生たちに声をかけて、みんなの失敗の経験を250例集め、それをまとめて本を書いたのです。

　先生が思ったとおり、その本はベストセラーになり、（えー）その後、『社長のための失敗学』『失敗の哲学』など多くの本を書くことになりました。そして先生は大学だけでなく、いろいろなところで講演をするようになりました。

　（えー）先生によると、誰かが成功したそのやり方をまねるだけでは、新しいものを創り出すことはできない、むしろ失敗した話の中にいいヒントがたくさん隠されているので、いろいろな人たちの失敗の経験から学んだほうがいいということです。

問題A　×1. 失敗学は、昔からある学問です。
▶トラック　　　○2. 畑村先生は、工学部で機械の設計を教えていました。
NO.14　　　×3. 学生は、「こうすればうまくいく」という話を熱心に聞きました。
　　　×4. 先生は、自分の失敗の経験を250例集めて本を書きました。
　　　○5.『失敗学のすすめ』は、よく売れました。
　　　○6. 本を書いてから、先生は大学以外でも話をするようになりました。
　　　○7. 先生は、新しいことをするためには、誰かの成功した話を聞くより、
　　　　　失敗した話を聞くほうが役に立つと思っています。

問題B
(1) 学生が寝たり、ぼーっとしたり、おしゃべりをしたりして、先生の話を聞かないことに困っていました。
(2) 先生が、「こんなときにこんな失敗をしてしまった」という話をしたときです。
(3) はい、よく売れました。ベストセラーになりました。
(4) 多くの本を書いたり、いろいろなところで講演をしたりするようになりました。
(5) その中にいいヒントがたくさん隠されているからです。

問題C
① 紹介　② 様子　③ 様子　④ 気がついた　⑤ 失敗の経験
⑥ ベストセラー　⑦ 言っていること　⑧ まねる

問題D
解答例
畑村先生は、学生たちが授業中、話を聞かないので、困っていた。ある日、先生が失敗した話をしたら、学生たちはみんなよく聞いた。そこで、同僚や卒業生たちの失敗の経験を集めた本を書いたところ、本はベストセラーになった。先生は、「新しいものを創り出すためには、失敗した話を聞いて、ヒントをもらったほうが役に立つ」と言っている。

発展問題
3番

第8課

札幌のお祭り

スクリプト ▶トラックNO.15

❶私のふるさとは、北海道の札幌市です。❷札幌はここにあります。(えー)今日は、私のふるさとのお祭りをご紹介したいと思います。

❸(えー)札幌の町の真ん中に、大通公園という公園があります。このように大きな通りが全部公園になっている、細長い公園です。(えー)ここでは、1年中いろいろなお祭りが開かれていますが、その中でも、国際的に有名なお祭りが二つあります。❹一つは毎年2月に行われるさっぽろ雪まつりです。雪で建物や人の像などを作ります。❺これは、中国のお城です。大きくてりっぱですね。❻そしてこちらは、有名な野球選手の像です。この年、札幌の野球チームに入って、話題になりました。❼(えー)このお祭りは、1950年に札幌の中学生と高校生が雪で像を作って、この公園に飾ったことから始まりました。それから、どんどん大きなお祭りになり、国際的にも知られるようになりました。外国からわざわざこのお祭りを見るために日本へ来る人も大勢います。また、タイや香港など外国のチームも像を作るのに参加します。(えー)見どころはですね、何と言っても、❽夜のライトアップでしょうか。昼間ももちろんきれいなんですけど、❾夜になると、青やオレンジなどいろいろな色の電気がついて、本当に美しいです。

❿(えー)もう一つのお祭りは、毎年6月に開かれるYOSAKOIソーラン祭りです。このお祭りは、学生が始めたお祭りなんです。⓫(えー)1991年に、北海道大学のある学生が、四国の高知県を旅行しました。(えー)そこで、よさこい祭りというお祭りを見て、とても感動しました。よさこい祭りでは、鳴子という、木で作られた楽器を手に持って、音を鳴らしながら踊ります。⓬(えー)これが鳴子です。こんな音が出ます。にぎやかでしょう？ (えー)⓭その学生は、鳴子の音を聞いて、「いい音だ。これを鳴らして、ソーラン節に合わせて踊りたい。」と思いました。ソーラン節というのは、学生のふるさと、北海道の有名な歌です。それで、札幌で友達を集め、100人の若者と一緒に鳴子を鳴らしながらソーラン節の曲で踊りました。(えー)これがこのお祭りの始まりです。⓮今では、3万人が踊り、(えー)200万人が見物に来ます。外国人観光客も多いです。⓯踊る人は、みんないろいろな服を着て踊ります。(えー)青や緑の衣装がきれいですね。申し込めば誰でも参加できます。外国から参加する人もいます。踊りのルールは二つだけ。一つは、鳴子を鳴らすこと、もう一つは、ソーラン節のメロディーで踊

ることです。あとは自由なので、みんな、おもしろい踊りを自分で考えます。
　⓰（えー）以上、札幌の大通公園のお祭りを二つご紹介しました。北海道は、明治時代になってから、人口が増えましたので、それ以降、新しいお祭りがたくさん作られました。皆さんも札幌の楽しいお祭りをぜひ見にきてください。

問題A
トラックNO.16

×1. さっぽろ雪まつりは2月に、YOSAKOIソーラン祭りは12月に開かれます。
○2. さっぽろ雪まつりは、札幌の中学生と高校生が雪で像を作って飾ったことから始まりました。
×3. さっぽろ雪まつりは、夜は見ることができません。
×4. YOSAKOIソーラン祭りを始めたのは、四国の大学生です。
○5. ソーラン節というのは、北海道の歌です。
×6. YOSAKOIソーラン祭りで踊れるのは、北海道の人だけです。
○7. 北海道には、明治以降始まったお祭りが多いです。

問題B
（1）1950年に札幌の中学生と高校生が雪で像を作って、公園に飾ったことから始まりました。
（2）夜のライトアップです。
（3）①高知　②よさこい祭り　③楽器　④集めて一緒に踊った
（4）①鳴子を鳴らすこと
　　②ソーラン節のメロディーで踊ること

問題C
①場所　②時期　③始まり　④見どころ　⑤時期
⑥始まり　⑦現在の様子

問題D
解答例
北海道の札幌には、とても有名なお祭りが二つある。どちらも札幌の大通公園で開かれるお祭りで、外国からも見にくるし、外国人も参加する。一つは雪の像を飾るさっぽろ雪まつりで、もう一つは鳴子という楽器を鳴らしながらソーラン節に合わせて踊るYOSAKOIソーラン祭りである。北海道は明治以降始まったお祭りが多い。

第9課

津軽三味線

スクリプト ▶トラックNO.17

❶皆さんの国にも伝統的な楽器がいろいろあると思いますが、日本にもあります。三味線もその一つです。ギターのような形をしています。（えー）今日お話しするのは津軽三味線という楽器ですが、これは三味線の一つの種類です。❷（えー）三味線はもともと、15世紀に中国から今の沖縄県に伝わったもので、そこでは三線と呼ばれていました。その後16世紀の中ごろに九州の鹿児島県に来て三味線となりました。南から北へ伝わるにつれて、それぞれの土地の歌に合うように少しずつ変化していき、（えー）今から200年ぐらい前に、青森県の津軽地方に伝わり、津軽地方の三味線、津軽三味線ができました。*

❸（えー）津軽三味線も最初は、ほかの三味線と同様に歌の伴奏をするための楽器でした。今でも歌と一緒に弾くときは、歌がよく聞こえるように少し小さい音で伴奏します。しかし、独特な表現ができる津軽三味線は、歌の伴奏としてだけでなく、津軽三味線だけでも演奏されるようになりました。（えー）ここがほかの三味線と大きく異なる点です。

❹それから、演奏方法も独特です。普通の三味線がギターを弾くようにはじいて弾くのに対して、（えー）津軽三味線はたたいて弾く方法も使われます。この方法を用いることによって、力強い音を出すことができるようになりました。また、演奏に関して、もう一つ大きな特徴があります。それは、決められたとおりに演奏する以外に、その場で考えたメロディーを演奏する「即興演奏」も行われるという点です。（えー）この「即興演奏」はジャズの演奏で多く用いられている方法ですが、津軽三味線でもよく使われます。

❺で、最近は、津軽三味線と西洋の楽器を一緒に演奏するコンサートも行われるようになりました。そして、津軽三味線の力強い音や独特な演奏方法は、多くの人たちを感動させ、ますます人気が高まっています。

＊三味線が沖縄からどのように本州へ伝わっていったかは、諸説あります。

問題A
▶トラックNO.18

×1. 津軽三味線は、今から200年ぐらい前に沖縄県で生まれました。
○2. 三味線は、日本の南から北へ伝わっていくときに、変化しました。
×3. 津軽三味線で歌の伴奏をするとき、力強くたたいて演奏します。

19

×4. 津軽三味線の弾き方は、ギターと全く同じです。
○5. 津軽三味線では、その場で考えたメロディーを演奏することがあります。

問題B
(1) 今から200年ぐらい前に青森県の津軽地方で生まれました。
(2) 15世紀に中国から今の沖縄に三線が伝わりました。
そして、16世紀の中ごろに九州の鹿児島に来て、三味線になりました。
(3) 最初： 歌の伴奏に使われました。
　　今　： 歌の伴奏だけでなく、津軽三味線だけでも演奏されます。
(4) 普通の三味線： はじいて演奏します。
　　津軽三味線　： はじいたり、たたいたりして演奏します。
(5) 即興演奏です。
(6) 西洋の楽器と組み合わせて演奏されることがあります。

問題C
① 津軽三味線　② 始まり／伝来　③ 使われ方の変化　④ 演奏方法
⑤ 最近の傾向

問題D
解答例
津軽三味線は、日本の伝統的な楽器の一つだ。津軽三味線のもとになる楽器が15世紀に中国から今の沖縄に伝わり、その後、鹿児島に伝わって、青森で津軽三味線となった。最初は歌の伴奏のために使われたが、今は津軽三味線だけでも演奏される。その場で考えた演奏（即興演奏）や力強い音が特徴だ。最近は西洋楽器と一緒に演奏されるようになり、ますます人気が高まっている。

▶トラックNO.19
津軽三味線の演奏を聞いてみましょう。(演奏)

第10課

メールの書き方

スクリプト ▶トラックNO.20

　インターネットの普及によって、メールを利用する人がどんどん増えていますが、(えー)皆さんは日本語でメールを書いたことがありますか。「書いたことはあるけれども、ことば遣いに間違いがあるのではないか」とか「失礼なことを書いてはいないか」とか、不安に思っている人も多いと思います。そこで今日は、知り合いに書くお礼のメールを例に、日本語で書く短いメールの書き方を練習しましょう。

　(えー)まず最初に、メールの相手の名前を書きます。メールを受け取る人の名前です。例えば「佐藤さん」「田中様」などです。

　次に、自分の名前を書きます。例えば、(えー)「パク・ジョンです。」とか「ジョンです。」などです。フルネームでも、いつも呼ばれている名前だけでもいいです。でも「私の名前はパクです。」とか「私はジョンです。」とは書かないようにしましょう。このときに、自分の所属、例えば東京外国語大学とか経済学部1年などと書くと、わかりやすいです。

　次に簡単な挨拶をします。「こんにちは。」とか「お元気ですか。」と書きます。しばらく会っていない人だったら「久しぶりです。」もいいですね。

　次は本文です。(えー)お礼のメールですから、何をしてもらってうれしかったのか書きます。例えばホームステイをした後、ホストファミリーにお礼を言うのなら、「先日はホームステイをさせていただき、ありがとうございました。」と書きます。そして、具体的な内容を伝えます。(えー)「晩御飯のとき、いただいた天ぷら、とてもおいしかったです。」とか「スカイツリーに連れていっていただき、すばらしい景色を見ることができて、とても感動しました。」などです。

　最後に今後のことについて書きます。相手との良い関係をこれからもずっと続けたいという気持ちを表現します。例えば、(えー)「今度は、私の国の料理を作ってごちそうしたいと思います。」とか「これからもよろしくお願いします。」などです。

　(えー)メールでも終わりに挨拶を書きますが、それは「さようなら。」ではありません。「それでは、また。」とか「またご連絡します。」などと書くのが普通です。

　そして、メールの一番下に自分のフルネームを書いておくとよいでしょう。

　さあ、これであなたも日本語のメールを書くことができますね。さっそく書いてみませんか。

問題A （トラック NO.21）

○1. 日本語でメールを書くとき、最初に相手の名前を書きます。
×2. 自分の名前を書くときは、必ず「私の名前は佐藤です。」のように書きます。
○3. お礼のことばを書くとき、何に対するお礼なのかを書きます。
×4. お礼の気持ちを伝えるときは、具体的な内容は書かないほうがいいです。
×5. 日本語のメールを書くとき、最後に必ず「さようなら。」と書きます。

問題B

(1) 相手の名前を書きます。
(2) 先日はホームステイをさせていただき、ありがとうございました。
(3) 相手との良い関係をこれからもずっと続けたいという気持ちを表現しています。
(4) それでは、また。／またご連絡します。

問題C

① お礼のメール　② 相手　③ 自分　④ 挨拶　⑤ 本文　⑥ お礼のことば
⑦ 具体的　⑧ 今後　⑨ 挨拶　⑩ 自分のフルネーム

発展問題

① 〈先生の名前〉　② 〈あなたの名前〉です。　③ お久しぶりです。
④ 敬語の本を紹介していただき、
⑤ そのときはどうぞよろしくお願いいたします。　⑥ またご連絡します。
⑦ 〈あなたの名前〉

第11課

アクセント

スクリプト ▶トラックNO.22

A にほん（日本）
B にほん（2本）

スクリプト ▶トラックNO.23

　皆さんは、アクセントについて勉強したことがありますか。言語によって、強弱、高低、長短などさまざまなアクセントがあります。（えー）日本語のアクセントは、高低アクセント、つまり、高い、低いというアクセントです。

　例えば、アメ（飴）とアメ（雨）ということばを見てみましょう。アメ（飴）と言うときには、アは低くて、メは高くなります。一方、アメ（雨）と言うときには、アは高くて、メは低くなります。アメと言ったら、それは、空から降るものでしょうか。それとも食べるものでしょうか。（えー）答えは、食べるもの、アメはキャンディーです。アメは、空から降るものです。このようにアクセントによって意味が変わることばがあります。ハシ（橋）とハシ（箸）も有名ですね。「渡るハシ（橋）」と「食べるときに使うハシ（箸）」です。こうしたことばは（えー）「橋を渡ると郵便局があります。」とか「日本料理は箸で食べます。」のように、前後関係があれば、たとえアクセントを間違えても、聞き手は正しく意味を理解してくれるかもしれません。

　しかし、カキ（柿）とカキ（牡蠣）ということばではどうでしょうか。カキはオレンジ色の秋の果物で、カキは海の貝で、両方とも食べ物の名前です。もし、果物のカキ（柿）のことを言いたいときに、「カキがおいしかったです。」と言ったら、海の貝のカキ（牡蠣）がおいしかったという意味だと聞き手に思われてしまいます。（えー）このように前後関係があっても、アクセントが違うと、誤解されてしまう場合があります。ですから、話すときにはアクセントに十分注意しなければなりません。

　皆さんにとって、ことばのアクセントを全部覚えるのは大変かもしれませんが、まずは、ハシとハシやカキとカキのように平仮名や片仮名で書けば同じだけれどアクセントが違うことばから覚えていきましょう。（えー）では次の文はどういう意味でしょうか。「コーヒーをイッパイ飲みました。」

問題A トラックNO.24

× 1. 日本語のアクセントは、音の長さで表します。
○ 2. 平仮名や片仮名で書けば同じでも、アクセントが違うことばがあります。
× 3.「ア」メはキャンディーのことです。
○ 4. アクセントを間違えても、前後関係から意味がわかることがあります。
○ 5. この人は、アクセントを覚えるには、平仮名や片仮名で書けば同じでも、アクセントが違うことばから覚えたほうがいいと言っています。

問題B

(1) 強弱、高低、長短などのアクセントがあります。
(2) 高低アクセントです。
(3)「渡るハシ(橋)」と「食べるときに使うハシ(箸)」
　　「果物のカキ(柿)」と「海の貝のカキ(牡蠣)」
(4)「コーヒーをカップで1杯飲んだ」という意味です。「イ」ッパイ」は「1杯、2杯」の「1杯」です。アクセントが「イッパイ」の場合は、「コーヒーをたくさん飲んだ」の意味です。

問題C　①言語　②日本語　③ほかの意味　④前後関係　⑤誤解される

問題D

解答例

言語によってさまざまなアクセントがあるが、日本語は高低アクセントである。「飴」と「雨」や「橋」と「箸」のようにアクセントによって意味が変わることばがあるが、この場合はアクセントを間違えても、前後関係から意味がわかる。しかし、「柿」と「牡蠣」のように正しいアクセントで言わないと、誤解されるものもあるので、注意が必要だ。まずは、文字で書けば同じでも、アクセントが違うことばから覚えたほうがいい。

第12課

からくり人形

スクリプト ▶トラックNO.25

❶からくり人形という人形を見たことがありますか。今日はそのからくり人形について話したいと思います。❷(えー)冬休みに、金沢というところに行きました。金沢という町の名前は、皆さん、聞いたことがあると思いますが、石川県にある古い町です。この辺りにあります。そこで、おいしいすしや、和菓子を食べて、有名な庭も見物した後、時間が余ったので、(えー)からくり記念館という小さな博物館に入ってみました。

❸からくり人形というのは、機械で動く人形のことで、江戸時代にとても人気がありました。(えー)「からくり」は「機械」の意味だったそうで、からくり人形には、機械の技術が使われています。

❹私が一番おもしろいと思ったのは、家にお客が来たときに、お茶を運ばせるために作られた「茶運び人形」と呼ばれるものです。(えー)この人形は、お茶を運ぶためのお盆を手に持っています。このスライドを見てください。ここに茶碗を載せると、すーっと人形が動き出して、お客のところまでお茶を運びます。お客が茶碗を取ると、人形はそこでぴたりと止まります。お茶を飲み終わって、茶碗をお盆の上に置くと、くるりと回って、もとのところに戻ります。おもしろいでしょう？ こんな人形が家にあったら楽しいでしょうね。しかし、どうして、人形がこんなふうに動くのか、とても不思議ですね。❺(えー)この技術は、ヨーロッパから入ってきた時計などの技術をもとにして生まれ、江戸時代に発展しました。そして、明治時代以降、日本がカメラや船、自転車などの工業製品を作るときに、とても役に立ったと言われています。東芝という有名な電機メーカーを作った人も、若いころ、からくり発明家として有名だったそうです。

❻(えー)インターネットで「茶運び人形」と入れて検索すると、この人形の動画を見ることができます。皆さんも、ぜひ見てみてください。あ、それから、金沢もいいところですから、ぜひ行ってみてください。

問題A
▶トラックNO.26

×1. この人は、からくり人形を見るために金沢へ行きました。
○2. 茶運び人形は、お茶をお盆に載せてお客のところまで持っていくことができます。

×3. 茶運び人形は、お客にお茶を運ぶと、すぐにもとのところに戻ります。
×4. 江戸時代に、日本は、ヨーロッパに時計の技術を伝えました。
○5. 東芝という電機メーカーを作った人は、もとは、からくり発明家でした。
○6. からくり人形は、インターネットで動画が見られます。

問題B
(1) 江戸時代にとても人気のあった、機械で動く人形のことです。
(2) ①お客のところまでお茶を運ぶ
　　②お盆に茶碗を載せる
　　③お客のところ
　　④お客が茶碗を取る
　　⑤茶碗をお盆の上に置く
　　⑥もとのところ
(3) ヨーロッパから入ってきた時計などの技術をもとにして生まれました。
(4) 日本が工業製品を作るときに、とても役に立ったと言われています。

問題C ①場所　②動き　③技術　④発明家

問題D
解答例
金沢で、からくり人形を見た。からくり人形とは、江戸時代に作られた機械で動く人形のことだ。特におもしろかったのは、お茶をお客に運ぶ人形である。からくり人形の技術は、ヨーロッパから入ってきた時計などの技術をもとにして、江戸時代に発展した。明治時代以降、日本が工業製品を作るときに、役に立ったと言われている。

第13課

四つ葉のクローバー

スクリプト ▶トラックNO.27

　秋田県に、四つ葉のクローバーを配るタクシー運転手さんがいて、話題になっています。(えー)クローバーという草は普通、葉が3枚なんですが、たまに4枚のものがあります。それは、四つ葉のクローバーと呼ばれ、「幸せ」を意味します。

　以前、この運転手さんは、お客さんを待っていたタクシー乗り場の隅に、クローバーが生えているのを見つけ、仲間の運転手さんたちと一緒に四つ葉のクローバーを探しました。(えー)結局この運転手さんだけが、四つ葉のクローバーを見つけることができたので、それを大切に手帳に挟んでおきました。

　その数日後、この運転手さんのタクシーに暗い表情の若い女性が乗ってきました。理由を聞くと、「彼氏とうまくいかない」と言ったそうです。そこで、手帳に挟んでおいた四つ葉のクローバーのことを思い出して、「元気を出して」と渡したところ、女性は涙を流して感謝しました。(えー)運転手さんは、喜んでもらえたことがうれしくて、たくさんの人に配りたいと思ったそうです。それからは、雨の日以外は毎日、近所の野原などで四つ葉のクローバーを探し、配るようになりました。しかし、なかなか見つからないこともあります。それで、見つけた四つ葉のクローバーを育てて増やす方法も考え出しました。

　(えー)運転手さんはこれまでの4年間に1万本以上ものクローバーを配ったそうですが、乗ってくるお客さんに少しでも優しい気持ちになってもらえればうれしいと言っています。ただ、クローバーが欲しいからこのタクシーを呼ぶお客さんは断っていて、偶然このタクシーに乗った人だけに渡しているそうです。秋田県に行ったら、タクシーに乗ってみたらどうでしょう。もしかすると四つ葉のクローバーがもらえるかもしれません。

（「秋田のタクシー運転手、乗客に配った『幸運の四つ葉』7,000本」
秋田経済新聞提供）

問題A
▶トラックNO.28

×1. クローバーという草は普通、葉が4枚です。
○2. 四つ葉のクローバーは幸せを意味します。
○3. タクシーの運転手さんたちが四つ葉のクローバーを探しましたが、見つけられたのは一人だけでした。

○4. 四つ葉のクローバーをもらった女性のお客さんはとても喜びました。
○5. 運転手さんは自分で四つ葉のクローバーを育てています。
×6. 運転手さんは4年間に約1000本のクローバーをお客さんに配りました。
×7. この運転手さんを指名すれば、四つ葉のクローバーがもらえます。

問題B
（1）幸せを意味する四つ葉のクローバーをお客さんにあげることです。
（2）①四つ葉のクローバーを見つけて、手帳に挟んでおいた。
　　　②暗い表情の若い女性
　　　③あげたら、女性は涙を流して感謝した
（3）探したり、見つけたものを自分で育てたりして手に入れています。
（4）偶然このタクシーに乗った人にだけ渡しています。

問題C
① テーマ　② きっかけ　③ 人・相手

問題D
解答例
秋田県に四つ葉のクローバーを配るタクシー運転手がいる。以前、暗い表情の女性のお客に、幸せを意味する四つ葉のクローバーを渡したら、とても感謝された。それがきっかけで、たくさんの人に配りたいと思うようになったそうだ。その後、四つ葉のクローバーを育て、偶然このタクシーに乗った客だけに渡している。

第14課

長寿の理由

スクリプト ▶トラックNO.29

　（えー）動物にとって自分の子供を残すことは、何よりも大事なことです。動物は普通、生殖期間が終わると、（えー）つまり、子供を作るという、動物にとって大事なことができなくなると、死にます。もし子供を作ることができなくなった動物がそのまま生きていると、若い仲間の食べ物を取ってしまうことになります。役割を終えた動物が、ほかの仲間の邪魔をするわけにはいきません。ですから、生殖期間が終わると、たいてい死ぬようになっているんです。

　しかし、人間はほかの動物に比べて長生きだと言われています。（えー）人間のほかに子供を作ることができなくなっても生き続ける動物は、一部の象やクジラ、猿などがいます。では、なぜ人間や象は長く生きるのでしょうか。その意味を教えてくれる一つの話があります。（えー）東南アジアで地震が起きて津波が来たとき、海のそばにいた人や動物はたくさん死にました。でも、ある象のグループは1頭も死ななかったそうです。それは、1頭の年取った象が、昔、津波が来たことを覚えていて、地震の後すぐ、仲間を高いところに連れていったからだそうです。それで、1頭も死ななかった。つまり、年取った象は知恵を持っているということなんです。昔からの知恵を親から子へ、子から孫へと、若い世代へ伝える、これが長く生きることの意味なんでしょうね。

（「視点・論点　老いはこうしてつくられる」2008年4月29日放送を参考）

問題A ▶トラックNO.30

× 1. 子供を作ることは仲間の邪魔をすることになります。
○ 2. 子供を作れなくなると死ぬ動物が多いです。
○ 3. 人間はほかの動物と比べて長く生きる動物だと言われています。
× 4. 津波で、動物はたくさん死にましたが、人は死にませんでした。
× 5. 象はみんな地震の後に津波が来ることを知っています。
× 6. この話の象は高いところに住んでいたから、助かりました。
○ 7. この人は長く生きることには理由があると言っています。

問題B

（1）自分の子供を残すことです。
（2）役割を終えた動物が長く生きていると、若い仲間の食べ物を取ってしまうからです。

（3）年取った象が、昔、津波が来たことを覚えていて、仲間を高いところに連れていったからです。
（4）昔からの知恵を若い世代に伝えるためです。

問題C ①理由 ②長く生きる意味 ③答え

問題D 解答例
動物にとって一番大事なことは、自分の子供を残すことだ。それができなくなると、死ぬ動物が多い。役割を終えた動物が、若い仲間の食べ物をとってしまう（邪魔をしてしまう）ことになるからだ。しかし、中には、長く生きる動物もいる。人間や一部の象などだ。津波から仲間を助けた年取った象の話が示すように、動物が長く生きるのは、昔からの知恵を若い世代に伝えるためだ。

第15課

長崎の猫

スクリプト ▶トラックNO.31

　長崎を旅行したとき、公園や道で昼寝をしている猫をよく見かけました。「長崎の猫はかわいいなあ」と思って、たくさん写真を撮りました。(えー) そのあと、夜、ホテルに戻ってから、インターネットで長崎の猫について調べていたら、おもしろい記事がありました。

　(えー) 長崎は、日本で一番尾曲がり猫が多いところだというのです。「おまがりねこ」、変な名前ですね。尾というのは尻尾のことで、尾曲がり猫は、尻尾が曲がっている猫という意味だそうです。(えー) 尻尾が途中で切れたように見える猫も尾曲がり猫と言うと書いてありました。昼間撮った写真を見てみました。思ったとおり、その猫たちも尾曲がり猫でした。

　(えー) 記事によると、尾曲がり猫は東南アジアに多く、日本には尻尾が長くてまっすぐな猫しかいなかったそうです。では、なぜ長崎には尾曲がり猫がいるのでしょうか。実はオランダの船に乗って、日本へ来たのだそうです。(えー) 江戸時代は、皆さんもご存じのとおり、鎖国の時代、つまり、ほかの国との交流が禁止されていた時代ですが、(えー) 長崎だけは特別に貿易が許されていて、オランダと中国から船が来ていました。オランダの船は東南アジアに寄って、そこで貿易をして尾曲がり猫をたくさん乗せて日本へやってきました。船の中の食べ物をネズミに食べられないように猫を乗せる必要があったのです。(えー) 東南アジアから来た尾曲がり猫はそのまま長崎に住みついて、だんだん数が増えていったというわけです。今ではほかの地域でも見ることができます。

　「東南アジアから連れてこられた猫は、日本を見て、どう思っただろう」と私は猫の写真を見ながら考えました。旅行の楽しみの一つは、その土地の歴史を感じることですが、今回の旅では、猫が長崎の歴史を教えてくれました。

問題A
▶トラック NO.32

×1. この人は、長崎に尾曲がり猫を見にいきました。
○2. 尻尾が途中で切れたような猫も尾曲がり猫です。
×3. 尾曲がり猫は昔から日本にいました。
×4. 江戸時代の鎖国というのは、ほかの国との交流を全く行わないことです。

×5. 今でも尾曲がり猫は長崎以外のところでは見ることができません。

問題B (1) 長崎は日本で一番尾曲がり猫が多いところだということがわかりました。
(2) 尾曲がり猫
　　尻尾が曲がっている猫のことです。
　　尻尾が途中で切れたように見える猫も指します。
(3) ①オランダ　②ネズミを捕る　③東南アジア

問題C ①定義　②歴史　③どのようにして　④理由

問題D 解答例
長崎は尾曲がり猫が日本で一番多いところだ。尾曲がり猫とは、尾が曲がっている、または尾が途中で切れたように見える猫である。江戸時代、長崎はオランダとの貿易が許されていたので、オランダの船が来ていた。船の中のネズミを捕るため、東南アジアで尾曲がり猫が乗せられた。その猫が、長崎にそのまま住みついたのである。